W0188979

Auf ins Vergnügen

001fg Abb.: bb

Freiburg an einem verlängerten Wochenende

In Freiburg liegen die meisten touristischen Highlights wie z.B. das im wahrsten Sinne des Wortes alles überragende Münster dicht beieinander in der Altstadt. Dazu gibt es viele Gässchen, laute und stille, größere und kleinere Plätze, schöne alte Brunnen und die für Freiburg charakteristischen Bächle. Man kann hier wunderbar einkaufen, man findet Studentenleben und -kneipen, die wichtigen Museen und nicht zuletzt das Beste aus badischer Küche und badischem Weinkeller.

1. Tag: Ankommen und Losbummeln

Für den Auftakt am Freitagnachmittag nach der Anreise gilt die Empfehlung, bloß kein ambitioniertes Programm abzuarbeiten. Vielmehr sollte man nach Herzenslust unter Arkaden, durch Innenhöfe und Gassen zwischen **Martinstor** ⑱, **Münsterplatz** ❷ und **Schwabentor** ⑪ bummeln, den Charme der Stadt erleben und – Vorsicht! – nicht in eines der munter durch die Altstadt fließenden Bächle treten. Man könnte prüfen, ob das Wallgraben Theater (s.S. 39) in den Gewölben des **Neuen Rathauses** ㉓ oder im Sommer draußen im Rathaushof eine interessante Aufführung anbietet. Alternativ kann eine der unterhaltsamen historischen Stadttouren eine gute Einstimmung auf den weiteren Aufenthalt sein (s.S. 126).

Pflicht ist in jedem Fall der Besuch eines der gemütlichen Lokale in der Innenstadt oder bei schönem Wetter auf dem Münsterplatz. Hier gibt es zu badischen Spezialitäten entweder einen der renommierten südbadischen Weine oder man genehmigt sich eines der zum Teil über Deutschlands Grenzen hinaus geschätzten Biere aus der Region.

2. Tag: Das Münster und Shoppingtour

Der Samstagmorgen beginnt auf dem **Münsterplatz** ❷. Dort erkundet man in aller Ruhe das **Freiburger Münster** ❶ von außen und innen auf eigene Faust oder man schließt sich einer Führung an (s.S. 126). Anschließend bietet der **Münsterplatz** mit seiner historischen Bebauung, vor allem aber der Münstermarkt (s.S. 71) reichlich Gelegenheit zur Entspannung. Hat man alles gesehen, gerochen, gehört, vielleicht etwas erstanden und nicht zuletzt die obligatorische Münsterwurst gegessen, ist der richtige Zeitpunkt für einen gemütlichen Spaziergang.

Dieser führt über die Münsterstraße zur **Kaiser-Joseph-Straße** ⑲, Freiburgs großer Fußgängerzone, und von dort weiter zum **Rathausplatz** ㉔ mit **Altem** ㉒ und **Neuem Rathaus** ㉓. Hier befindet sich die Tourist Information (s.S. 119), bei der man erfährt, was am Wochenende in der Stadt auf dem Programm steht. Über die Universitätsstraße gelangt man zur **alten Universität** ㉕, deren Innenhof man sich ansehen sollte –

▷ *Der Münsterplatz* ❷ *– eine der ersten Anlaufstationen für Besucher*

◁ *Vorseite: Kunst im Bächle - die Innenstadt ist häufig Schauplatz von künstlerischen Aktionen*

Barbara Benz

CITY|TRIP
FREIBURG

Nicht verpassen! Karte S. 3

1 **Freiburger Münster [E3]**
Die Kirche mit dem „schöns-
ten Turm auf Erden" ist das Wahrzeichen
der Stadt und eine der bedeutendsten
mittelalterlichen Kathedralen der Welt
(s. S. 62).

2 **Münsterplatz [E3]**
Auf dem Platz rund um das
Münster findet der Münstermarkt statt,
der vor historischer Kulisse zum Bummeln
und Probieren einlädt (s. S. 70).

6 **Konviktstraße [E4]**
Die Konviktstraße ist nicht nur
eines der malerischsten „Gässle" der Stadt
Freiburg, sondern gleichzeitig auch eine
exklusive Einkaufsadresse für Shopping-
fans (s. S. 74).

8 **Zum Roten Bären [E4]**
In Deutschlands ältestem Gasthaus lassen sich hervorragend die Küche
der Region oder der badische Wein
kennenlernen (s. S. 76).

9 **Augustinermuseum [E4]**
Das Augustinermuseum mit seinen
vielen Schätzen an sakraler und weltlicher
Kunst ist einer der Besuchermagneten der
Stadt (s. S. 77).

13 **Schlossberg [F4]**
Der Schwarzwaldausläufer ragt
bis in die Altstadt hinein. Oben vom Berg
hat man einen fantastischen Blick auf die
Rheinebene (s. S. 82).

14 **Rund um die Insel [E4]**
Im Gebiet rund um den alten
Gewerbekanal wird Geschichte lebendig,
denn hier befinden sich viele Häuser mit
Ursprüngen in der Barockzeit und im
Mittelalter (s. S. 84).

30 **Konzerthaus [B3]**
Der Sitz des SWR-Sinfonieorchesters spaltete vor Baubeginn die Freiburger
Bevölkerung – inzwischen ist das architektonische Highlight aber aus der Stadt nicht
mehr wegzudenken (s. S. 100).

37 **Schauinsland**
Freiburgs Hausberg macht mit
seinen 1284 Metern die Stadt zur höchsten Großstadt Deutschlands. Vom Gipfel
schaut man auf Frankreich und bei gutem
Wetter sogar bis zu den Alpen (s. S. 107).

39 **Alter Friedhof [F1]**
Auf dem Alten Friedhof im Stadtteil
Neuburg befinden sich die Gräber wichti-
ger Persönlichkeiten der Stadtgeschichte.
Seine verwunschene Stimmung macht den
Ort zu etwas ganz Besonderem (s. S. 109).

Leichte Orientierung mit
dem cleveren Nummernsystem
Die Sehenswürdigkeiten der Stadt sind
zum schnellen Auffinden mit **fortlaufenden
Nummern** versehen. Diese verweisen auf
die ausführliche Beschreibung **im Kapitel
„Freiburg entdecken"** und zeigen auch die
genaue Lage **im Stadtplan.**

Di - So 10 - 17 Uhr
www.freiburg.de/museen

augustinermuseum museum für neue kunst museum für stadtgeschichte archäologisches museum colombischlössle naturmuseum

städtische **museen** Freiburg
IM BREISGAU

Freiburg auf einen Blick

0 —— 1 km
© REISE KNOW-HOW 2013

Der Freiburger Norden S. 108

Konzert-haus
🔴30

Alter Friedhof
🔴39

Der Freiburger Westen S. 112

Altstadt
S. 62

Entlang des Rotteckrings
S. 98

Rund um die Insel
🔴14

1 Freiburger Münster
2 Münsterplatz
13 Schlossberg
6 Konviktstraße
9 Augustinermuseum
8 Zum Roten Bären

Schnecken-vorstadt
S. 84

Der Freiburger Süden
S. 102

🔴37 Schauinsland

Inhalt

Exkurse zwischendurch

Benutzungshinweise

Orientierungssystem

Eine **Liste der im Buch beschriebenen Örtlichkeiten** wie Sehenswürdigkeiten, Restaurants, Hotels, Cafés, Infostellen befindet sich auf 140.

Bewertung der Sehenswürdigkeiten

★ ★ ★ auf keinen Fall verpassen
★ ★   besonders sehenswert
★   wichtige Sehenswürdigkeit für
       speziell interessierte Besucher

Vorwahlen

❯ für Freiburg: 0761
❯ für Deutschland: 0049

Zur schnelleren Orientierung tragen alle Hauptsehenswürdigkeiten und Lokalitäten sowohl im Text als auch im Kartenmaterial die gleiche Nummer:

↗111 Mit Symbol und fortlaufender Nummer werden die sonstigen Lokalitäten wie Cafés, Geschäfte, Hotels, Infostellen usw. gekennzeichnet.

❶ Mit einer fortlaufenden magentafarbenen Nummer sind die Hauptsehenswürdigkeiten gekennzeichnet. Steht die Nummer im Fließtext, verweist sie auf die Beschreibung dieser Sehenswürdigkeit im Kapitel „Freiburg entdecken".

❯ Die farbige Linie markiert den Verlauf des Stadtspaziergangs (s. S. 15).

[E3] In eckigen Klammern steht das Planquadrat im Kartenmaterial, in diesem Beispiel Planquadrat E3.

Ortsmarken ohne Angabe des Planquadrats liegen außerhalb unserer Karten. Sie können aber wie alle Örtlichkeiten in unseren speziellen Luftbildkarten auf der Produktseite dieses Buches unter www.reise-know-how.de oder direkt unter http://ct-freiburg13.reise-know-how.de lokalisiert werden.

◻ *Während der alemannischen Fasnet (s. S. 12) treiben in Freiburg gruselige Gestalten ihr Unwesen*

Impressum

Barbara Benz

CityTrip Freiburg

erschienen im
REISE KNOW-HOW Verlag Peter Rump GmbH,
Osnabrücker Str. 79, 33649 Bielefeld

© REISE KNOW-HOW Verlag
Peter Rump GmbH 2012
2., neu bearbeitete und komplett
aktualisierte Auflage 2013
Alle Rechte vorbehalten.

ISBN 978-3-8317-2381-2
PRINTED IN GERMANY

Dieses Buch ist erhältlich in jeder Buchhandlung Deutschlands, der Schweiz, Österreichs, Belgiens und der Niederlande. Bitte informieren Sie Ihren Buchhändler über folgende Bezugsadressen:
Deutschland: Prolit GmbH, Postfach 9, D-35461 Fernwald (Annerod) sowie alle Barsortimente
Schweiz: AVA Verlagsauslieferung AG, Postfach 27, CH-8910 Affoltern
Österreich: Mohr Morawa Buchvertrieb GmbH, Sulzengasse 2, A-1230 Wien
Niederlande, Belgien: Willems Adventure, www.willemsadventure.nl
Wer im Buchhandel kein Glück hat, bekommt unsere Bücher auch über unseren Büchershop im Internet:
www.reise-know-how.de

Herausgeber: Klaus Werner
Lektorat: amundo media GmbH
Layout: Klaus Werner (Umschlag), amundo media GmbH (Inhalt)
Karten: Ingenieurbüro B. Spachmüller, amundo media GmbH
Druck und Bindung: Media-Print, Paderborn
Fotos: siehe Bildnachweis S. 139
Anzeigenvertrieb: KV Kommunalverlag GmbH & Co. KG, Alte Landstraße 23, 85521 Ottobrunn, Tel. 089 928096-0, info@kommunal-verlag.de

Alle Informationen in diesem Buch sind von der Autorin mit größter Sorgfalt gesammelt und vom Lektorat des Verlages gewissenhaft bearbeitet und überprüft worden. Da inhaltliche und sachliche Fehler nicht ausgeschlossen werden können, erklärt der Verlag, dass alle Angaben im Sinne der Produkthaftung ohne Garantie erfolgen und dass Verlag wie Autorin keinerlei Verantwortung und Haftung für inhaltliche und sachliche Fehler übernehmen. Die Nennung von Firmen und ihren Produkten und ihre Reihenfolge sind als Beispiel ohne Wertung gegenüber anderen anzusehen. Qualitäts- und Quantitätsangaben sind rein subjektive Einschätzungen der Autorin und dienen keinesfalls der Bewerbung von Firmen oder Produkten.

Wir freuen uns über Kritik, Kommentare und Verbesserungsvorschläge:
info@reise-know-how.de

Latest News

Unter **www.reise-know-how.de** werden aktuelle Ergänzungen und Änderungen der Autoren und Leser zum vorliegenden Buch bereitgestellt. Sie sind auf der Produktseite dieses CityTrip-Titels abrufbar.

www.reise-know-how.de
› Ergänzungen nach Redaktionsschluss
› kostenlose Zusatzinfos und Downloads
› das komplette Verlagsprogramm
› aktuelle Erscheinungstermine
› Newsletter abonnieren
Verlagsshop mit Sonderangeboten

am besten durch den Torbogen von der Bertoldstraße aus. Zum einen ist hier das 4 x 15 m große **Wandmosaik** von Freiburgs berühmtestem Künstler des 20. Jahrhunderts, Julius Bissier, zu besichtigen. Zum anderen sollte man den prächtigen Innenhof der alten Universität auf sich wirken lassen. Weiter geht es über die Bertoldstraße zum Bertoldsbrunnen, wo man wieder auf die „Kajo", die Kaiser-Joseph-Straße, trifft.

Über Salzstraße, Grünwälderstraße oder **Gerberau** bzw. **Fischerau** ⓱ gelangt man in die südöstliche Altstadt. Diese wurde im Krieg nicht so stark zerstört wie der Rest der Innenstadt und ist eines der schönsten Viertel der Stadt. Gleichzeitig gibt es dort eine große Vielfalt an Geschäften – jetzt ist die Zeit für einen ausgiebigen Shoppingbummel. Auch für das leibliche Wohl ist unterwegs gesorgt – es gibt reichlich Cafés, Restaurants und Gaststätten. Hier kann man gut den Rest des Tages verbringen und durch die Gassen und Straßen bis

> Tagesbesuchern empfehlen wir auch den auf Seite 15 beschriebenen **Stadtspaziergang.**

zum **Schwabentor** ⓫ und zur postkartentauglichen **Konviktstraße** ⓰ spazieren.

Für einen Nachttrunk sei auf die **Jackson Pollock Bar** (s. S. 35) im Stadttheater ㉘ oder auf die Bar **Kagan** (s. S. 36) im 18. Stock des Hochhauses am Hauptbahnhof hingewiesen. In beiden Locations kann man auch bis in die frühen Morgenstunden tanzen.

3. Tag: Vom Augustinermuseum auf den Schlossberg

Das **Augustinermuseum** ⑨ bildet den großen Auftakt für den dritten Tag. Es ist insbesondere seit seiner Renovierung eine der herausragenden Freiburger Attraktionen und hat auch sonntags geöffnet (dafür ist

006fg Abb.: wb

Das gibt es nur in Freiburg

> *Die **Freiburger Bächle** sind auf der Welt einzigartig. Das mittelalterliche Wassersystem gibt der Altstadt einen ganz besonderen Reiz und trägt zum angenehmen Klima bei. Im Sommer kann man am Augustinerplatz ❿ seine Füße zur Abkühlung ins Wasser hängen und den Kindern dabei zuschauen, wie sie kleine Boote auf den Kanälen fahren lassen.*

> *Freiburg ist stolz darauf, die **am höchsten gelegene Großstadt Deutschlands** zu sein. Der Gipfel des Schauinsland ㊲, der auf Stadtgebiet liegt, macht es möglich. Zusätzlich ist Freiburgs Hausberg gelegentlich Schauplatz eines eindrucksvollen Naturschauspiels. Bei sogenanntem **Inversionswetter** ist es hier, gut 1000 Meter über dem Münsterplatz, wesentlich wärmer als in der Stadt. Und während Freiburg unter einer Nebelglocke liegt, erhebt sich der Schauinsland aus den Wolken. Wer bei dieser Wetterlage zu Besuch in der Stadt ist, soll-*

te unbedingt nach oben fahren. Der Blick über die Wolken, aus denen am Horizont die Vogesen ragen, ist einmalig.

> *In Freiburg steht mit dem Zum Roten Bären ❽ das **älteste Gasthaus Deutschlands** - oder zumindest eines der zwei, drei Gasthäuser, die berechtigt einen Anspruch auf diesen Titel anmelden können. Die Liste der Wirte lässt sich lückenlos bis ins Jahr 1311 zurückverfolgen.*

> *Auch der **höchste Baum des Landes** steht in Freiburg, genauer gesagt im Freiburger Stadtwald. Die Douglasie Waltraut brachte es bei der letzten Vermessung 2008 auf eine Höhe von über 63 Metern (s. S. 107).*

> *Die „Green City" Freiburg (s. S. 58) ist ein global beachtetes Modell in Sachen **Nachhaltigkeit, Umweltschutz und Bürgerengagement.** Weltruhm erlangte Freiburg und speziell das Öko-Innovationsviertel Vauban ㉟ auf der Expo 2010 in Shanghai.*

---

montags zu). Je nach Besuchsdauer nimmt man danach entweder das zweite Frühstück oder sein Mittagessen im Café Baldung (s. S. 34) ein. Täglich außer montags, wenn auch das Museum geschlossen ist, kann man hier direkt im Kreuzgang speisen.

Nach der Stärkung unternimmt man einen Spaziergang auf den **Schlossberg** ⓭, vorbei am **Greiffenegg Schlössle** ⓬ zum Kanonenplatz. Die – hoffentlich – großartige Sicht auf die Stadt, den Kaiserstuhl, die Vo-

gesen und den Schwarzwald wird bei guten Wetterverhältnissen durch einen kleinen Abstecher zum 35 m hohen Schlossbergturm noch getoppt. Von dem Aussichtsturm kann das Münster ❶ mit der es umgebenden Innenstadt aus der Raubvogelperspektive bewundert werden.

Mittagessen oder Kaffee und Kuchen genießen Touristen wie auch Einheimische im Schloßbergrestaurant Dattler (s. S. 27), bevor es mit der Schlossbergbahn wieder ins Tal bzw. in den **Stadtgarten** ㊳ geht. Von hier ist es nicht mehr weit bis zum **Alten Friedhof** ㊷, der von längst vergangenen Tagen erzählt.

Für das Abendessen eignet sich z. B. Freiburgs Traditionshaus **Zum Roten Bären** ❽. Alternativ (oder im Anschluss) ist die Hausbrauerei Feierling (s. S. 35) ein uriger Ort, um den Tag ausklingen zu lassen.

4. Tag: Ausflug auf den Schauinsland

Freiburg und der Südschwarzwald gehören zusammen, deshalb ist für den letzten Tag des Freiburgaufenthalts die Exkursion auf den **Schauinsland** ㊲ vorgesehen. Die Talstation der Schauinslandbahn erreicht man via Günterstal, Freiburgs südlichstem Stadtteil. Mit schöner Aussicht schwebt man hinauf auf den **Freiburger Hausberg**. Von der Bergstation geht es zu Fuß zum Schauinslandgipfel (1284 m) mit dem Eugen-Keidel-Aussichtsturm und dann zur Einkehr ins Hotel Halde (s. S. 27). Hier ist der Weg nicht das Ziel, aber Weg und Ziel zusammen sind eben Schwarzwald. Zurückkommt man entweder wie auf dem Hinweg oder – mit Wanderschuhen – auf gut markiertem Weg über den Gerstenhalm und Horben hinunter zur Talstation.

Für den seltenen Fall, dass schlechtes Wetter herrschen sollte, hält die Breisgaumetropole mit den jungen Stadtteilen **Vauban** ㉟ im Südwesten und **Rieselfeld** ㊹ im Westen echte Alternativen bereit. In Vauban sei zum Beispiel auf die Solarsiedlung und das „Sonnenschiff" hingewiesen. Im Rieselfeld verdient die ökumenische **Kirche Maria Magdalena** aufgrund ihrer umstrittenen und faszinierenden Architektur besondere Erwähnung.

Zur richtigen Zeit am richtigen Ort

Der Freiburger Veranstaltungskalender ist jedes Jahr prall gefüllt und es lohnt sich, vor einem Besuch einen Blick hineinzuwerfen – sei es, um eines der vielen Highlights mitzunehmen oder um besonders turbulente Veranstaltungen zu umschiffen.

Januar bis März

> Auf der **Internationalen Kulturbörse Freiburg** haben Künstler jedes Jahr im Januar die Möglichkeit, sich vor großem Fachpublikum zu präsentieren. Sie werden von einer jährlich wechselnden Jury ausgewählt. Die Messe steht auch Nicht-Fachbesuchern offen. Karten gibt es über die Website www.kulturboerse-freiburg.de und an den Vorverkaufsstellen (s. S. 120).

> Schon seit über zehn Jahren findet Ende Januar, Anfang Februar das **freiburger-grenzenlos-festival** statt. Über ganz Freiburg verteilt wird in vielfältigen Locations niveauvolle und manchmal schräge Unterhaltung aus den Sparten Kabarett,

EXTRATIPP

Termine

Detaillierte und aktuelle Informationen zu Veranstaltungen findet man auf folgenden Websites:

> www.freiburg.de (Rubrik „Tourismus") bietet eine umfangreiche, nach Tagen sortierte Liste der anstehenden Veranstaltungen.

> Unter **www.fudder.de** und **www.badische-zeitung.de** (Rubrik „Freizeit") gibt es Suchmasken, mit denen man nach Veranstaltungsart, Ort und Datum filtern kann.

007fg Abb.: pv

Comedy, Chanson und Lesungen geboten. Weitere Infos unter www.freiburg-
grenzenlos-festival.de.

> Die **Automobil Freiburg** im Februar ist
zwar mit der IAA nicht vergleichbar, aber
immerhin die bedeutendste und größte
regionale Publikumsmesse für Freunde
der Fortbewegung auf vier Rädern
(www.automobil-freiburg.de).

> Die im Februar stattfindende **Mundo-
logia** Freiburg im Konzerthaus **30** ist
Europas größte Messe für Fotografie,
Abenteuer und Reisen. Ein qualitativ
hochwertiges Rahmenprogramm mit
Vorträgen und Seminaren gibt die Möglichkeit zur Entdeckung der Welt jenseits der üblichen touristischen Dimension. Karten über www.mundologia.de,
im Vorverkauf oder an der Kasse des
Konzerthauses.

◁ *Freiburg ist Hochburg
der alemannischen Fasnet*

Freiburger Fasnet

*Die fünfte Jahreszeit erreicht in
Freiburg wie überall im Süden und
Westen Deutschlands ihren Höhepunkt zwischen* **schmutzigem
Donnerstag,** *hier besser bekannt
als der „schmutzige Dunschdig",
und dem* **Aschermittwoch.** *Den
Auftakt bildet am Donnerstag der*
Sturm aufs Rathaus, *ab dem „Fas-
netsamschdig" sind die Narren auf
den Straßen Freiburgs unterwegs.
Der große Umzug findet traditionell am* **Fasnetmendig,** *dem Fast-
nachtsmontag, statt.*

Die Freiburger Fasnet ist **alemannisch geprägt,** *was man so-*

❭ Im März findet jährlich die **Camping Freizeit Touristik Messe** statt. Diese klassische Besuchermesse weist auch ein attraktives und vielfältiges Rahmenprogramm mit Sport, Information und Unterhaltung auf. Spezieller Tipp für Kinder und solche, die im Herzen Kind geblieben sind, ist die **modellbau** (www.cft-messe.de).

April bis Juni

❭ Anfang April verausgaben sich die Läufer beim **Freiburg-Marathon** (www.marathon-freiburg.com).

❭ Die **Schwule Filmwoche Freiburg** im Kino Kandelhof (s. S. 38) wird immer im Frühjahr veranstaltet. Von allen noch stattfindenden „schwulen" Filmfestivals im deutschsprachigen Raum ist die Filmwoche das Älteste (www.schwule-filmwoche.de).

❭ Im Mai macht die **Freiburger Frühjahrsmess'** aus dem Festplatz der Neuen Messe für elf Tage einen Riesenrummelplatz, der das Gelände in eine glitzernde,

bunte Wagenburg verwandelt. Fahrgeschäfte, Kulinarisches und Händler bilden die klassische Kirmesmischung (www.freiburgermess.freiburg.de).

❭ Das ethnologische Filmfestival **Freiburger Film Forum** findet zweijährlich (in den „ungeraden" Jahren) statt (www.freiburger-filmforum.de).

❭ Der Zusammenschluss des Freiburger Einzelhandels „z'Friburg in der Stadt" veranstaltet jedes Jahr im Frühsommer den **Familientag**. In vielen Geschäften gibt es dann ein spezielles Kinderunterhaltungsprogramm, damit die Erwachsenen in Ruhe shoppen können. Der Zusammenschluss organisiert auch zweimal im Jahr (Mai und Oktober) den **Megasamstag**, an dem die Geschäfte bis Mitternacht offen haben. Infos und Termine unter www.zfriburginderstadt.eu, Rubrik „Aktuelles".

❭ Seit einigen Jahren finden im Rahmen des **Ebneter Kultursommers** zumeist im Frühsommer zahlreiche Konzerte und Lesungen sowie Theateraufführungen an verschiedenen Spielorten in

fort an den auffälligen, teilweise *gruselig anmutenden Masken* bemerkt, die es bei mittel- und niederrheinischen Veranstaltungen nicht gibt. Die alemannische Prägung der Fasnet im gesamten südwestdeutschen Raum wie auch in der Schweiz kam erst im ersten Drittel des 20. Jahrhunderts auf. Nicht zuletzt waren es die Nazis, die diese Ausrichtung förderten, da sie die Ursprünge der alemannischen Fasnet eher in germanischen Frühlingsriten verorteten als in der christlichen Fastenzeit.

Die *Tradition der Freiburger Fasnet* geht mindestens bis ins 13. Jahrhundert zurück. Die erste schriftliche

Erwähnung der „vasniath" fand man in einer Urkunde aus dem Jahre 1283. Seit Jahrhunderten ist die Fasnet fest in der Gesellschaft verankert, selbst Kaiser Maximilian soll sich schon in Freiburg während der Feierlichkeiten unters Volk gemischt haben. Gleichzeitig wurde das Fest **von Stadt, Staat oder Kirche** immer stark **reglementiert**, teilweise sogar verboten, sei es um das Steuersäckel zu füllen oder um ausufernde Übergriffe einzuschränken. Wer außerhalb der Fasnet nach Freiburg kommt, kann sich im *Freiburger Fasnetmuseum* (s. S. 40) ein Bild von Kostümen und Masken verschaffen.

Zur richtigen Zeit am richtigen Ort

Freiburgs Osten statt (www.ebneter-kultursommer.org).

❯ Freunde des gemütlichen Straßenfestes in malerischer Umgebung kommen beim **Oberlindenhock** am letzten Juniwochenende auf ihre Kosten (www.oberlinden hock.de).

❯ Die Weinfreunde zieht es Ende Juni/Anfang Juli auf das **Freiburger Weinfest** auf dem Münsterplatz. Auf einem der größten Weinfeste der Region (www.freiburger-weinfest.de) kann man sich ein Bild von der Qualität des badischen Weins verschaffen.

Juli bis September

Unter dem Titel **Freiburger Münstersommer** (www.freiburg.de/muenster sommer) finden jedes Jahr verschiedene kulturelle Veranstaltungen in der Altstadt statt. Beachtenswert sind vor allem:

❯ **Museumsnacht**. Bei der auch aus vielen anderen Städten bekannten Veranstaltung öffnen die Freiburger Museen ihre Türen bis nach Mitternacht (www.freiburg.de/muenstersommer).

❯ **Rathaushofspiele:** Das Ensemble des Wallgraben Theaters (s. S. 39)

EXTRATIPP

Das Zelt-Musik-Festival
Unweit des Mundenhofs (s. S. 44) im Freiburger Westen findet jährlich das Zelt-Musik-Festival statt. Trotz seines zweifelhaften Rufs, immer verregnet zu sein, finden sich hier jedes Jahr im Sommer über mehrere Wochen **Zehntausende Musikfans** ein, um **hochkarätige Musikacts, Theater und Kunst** zu erleben. Das ZMF findet – wie der Name schon suggeriert – in großen Zelten statt.
❯ **Infos, Tickets und Programm** unter www.zmf.de

schwärmt jeden Sommer in den Innenhof des Neuen Rathauses aus (Infos kurzfristig unter www.wallgraben-theater.com).

❯ **Open-Air-Kino** gibt es jedes Jahr im Innenhof des Schwarzen Klosters (s. S. 38).

❯ Die **Orgelkonzerte im Münster** sind auch für Menschen, die klassischer und Kirchenmusik nicht viel abgewinnen können, aufgrund von Raum und Klang ein Erlebnis (www.orgelkonzerte-freiburger-muenster.de).

Es finden im Sommer aber noch zahlreiche weitere Events und Veranstaltungen statt:

❯ Seit zehn Jahren bietet die **Freiburger Laufnacht** Breitensport für alle, die den Marathon zu lang finden, meist im Juli (www.freiburger-laufnacht.de).

❯ Mit dem **Tamburi Mundi Festival** findet in Freiburg jedes Jahr das weltweit wichtigste Rahmentrommel-Festival mit internationalen Top-Percussionisten statt (www.tamburimundi.com).

❯ Das **Freiburger Filmfest** findet im Juli in den Kinos Harmonie (s. S. 38), Friedrichsbau (s. S. 38) und open air im Mensagarten statt (www.filmfest-freiburg.de).

❯ Das vom E-Werk und Jazzhaus (s. S. 37) ausgerichtete **Freiburger Jazzfestival** findet alle zwei Jahre (2014, 2016 ...) im September statt und bietet hochkarätige internationale Acts (www.jazzfestival-freiburg.de).

❯ Die **Freiburger Herbstmess'** im September ist das Pendant zur Frühjahrsmess' (s. S. 13).

Oktober bis Dezember

❯ Seit über zehn Jahren lohnt es sich, an einem der letzten Oktoberwochenenden das **Monkey Jump Festival** zu besuchen. Mit nur einem Ticket erhält man Eintritt zu über 20 Klubs und Bars, in denen bis in die Morgenstunden Livemusik und Disco geboten wird. Tickets meist ab Anfang Oktober im Vorverkauf.

❯ Das **Freiburger TanzFestival** findet in ungeraden Jahren im E-Werk Kulturzentrum (s. S. 36) statt (www.tanzfestival-freiburg.de).

❯ Die **Plaza Culinaria** ist eine kulinarische Besuchermesse (www.plaza-culinaria. de). In drei Messehallen kann man internationale Spezialitäten probieren, Sterneköchen beim Kochen zuschauen und exotische Produkte einkaufen.

❯ Das **Lirum Larum Lesefest** ist ein Kinderliteraturfestival, das im November in vielen verschiedenen Einrichtungen in Freiburg stattfindet. Das große Finale ist meist im Stadttheater (www.freiburg.de/ lesefest).

❯ Ebenfalls im November: das **Freiburger Literaturgespräch.** Seit über 25 Jahren gibt es drei Tage lang Lesungen, Diskussionen und Workshops mit bekannten, vornehmlich deutschsprachigen Literaten (www.freiburg.de/ literaturgespraech).

❯ In der Woche vor dem ersten Advent beginnt der **Freiburger Weihnachtsmarkt** (www.weihnachtsmarkt-freiburg.de).

❯ Das **Varieté am Seepark** bietet jedes Jahr im November ein Programm aus Akrobatik, Jonglage, Comedy und Magie. Der gleiche Veranstalter richtet über Weihnachten und Silvester den Freiburger Weihnachtszirkus Circolo aus (www.variete-am-seepark.de).

Freiburg für Citybummler

Freiburg macht es Citybummlern leicht. Anders als in anderen Großstädten müssen sie hier nicht zwischen verschiedenen gleichwertigen Alternativen entscheiden, sondern können sich auf die kompakte Innenstadt konzentrieren.

Als Ausgangspunkt für einen **Stadtspaziergang** bietet sich der **Bertoldsbrunnen** ⑲ im Stadtzentrum an. Wenn man von ihm der **Kaiser-Joseph-Straße** etwa 150 m nach Norden folgt und dann in die zweite Querstraße nach rechts, die Münsterstraße, einbiegt, gelangt man direkt auf den **Münsterplatz** ❷.

Noch von der Münsterstraße aus bietet sich ein großartiger Blick auf den 115 m hohen Hauptturm des

▷ *In der verkehrsberuhigten Altstadt lässt es sich gut bummeln – Blick auf den Platz Oberlinden* ❶

Freiburger Münsters ❶. Wer nach der Besichtigung des Gotteshauses und einem Rundgang über den Münstermarkt eine kleine Stärkung braucht, sollte sich eine Bratwurst, hier auch als „Lange Rote" bekannt, gönnen.

Hinter der Stadtbibliothek an der Nordostecke des Münsterplatzes verläuft die Engelstraße, an der sich die (Neue) Synagoge befindet. Die Straße führt in westlicher Richtung wieder zur **Kaiser-Joseph-Straße**, doch bevor man diese überquert, verdient der historisch wichtige **Basler Hof** ❷⓪ (heute Sitz des Regierungspräsidiums) einen konzentrierten Blick auf seine Fassade und eine kurze Stippvisite im Erdgeschoss. Die Schiffstraße führt den Besucher nun weiter zum **Kartoffelmarkt** [E3], wo man die Wasserträgerin auf dem Anfang des 20. Jh. vom Architekten und Künstler Carl Anton Meckel errichteten **Rau-Brunnen** begutachten kann, und dann weiter zum Platz Unterlinden, von wo man über die Merianstraße zum **Rathausplatz** ❷④ gelangt. Kurz bevor man den Platz erreicht, lohnt es sich, etwa 100 m weit in die Franziskanerstraße hineinzugehen. Hier kann man einen Blick auf das spätgotische, für die Stadtgeschichte bedeutende **Haus zum Walfisch** ❷① mit seinem fein gestalteten Portalerker werfen.

Den Rathausplatz dominieren das Alte und das Neue Rathaus. Im Erdgeschoss des **Alten Rathauses** ❷②, das aus der Mitte des 16. Jahrhunderts stammt, versorgt die Tourist Information (s. S. 119) Gäste und Touristen mit nützlichem Informationsmaterial. Im Ende des 19. Jahrhunderts aus alter Renaissancebebauung entstandenen **Neuen Rathaus** ❷③ wird heute unter anderem geheiratet. Um 12

Routenverlauf im Stadtplan
Der hier beschriebene Spaziergang ist mit einer farbigen Linie im Stadtplan eingezeichnet.

Uhr mittags ist außerdem vom Türmchen über dem Balkon das tägliche Glockenspiel zu hören. Der Brunnen in der Mitte des Platzes wurde zu Ehren des Franziskanermönches Berthold Schwarz im Jahr 1853 errichtet – ob dieser tatsächlich der Erfinder des Schießpulvers ist, ist aber nicht gesichert.

Über die Rathausgasse, einem der vielen Shoppingsträßchen der Innenstadt, erreicht man nun den Rotteckring, der bis voraussichtlich 2018 Schauplatz einer großen innerstädtischen Umgestaltung inklusive Verkehrsberuhigung sein wird. Bereits jetzt ist er für den Autoverkehr nur noch eingeschränkt zugänglich. Gegenüber befindet sich auf der rechten Seite der Colombipark mit dem **Colombischlössle** ❷⑦, in dem sich seit 1983 das **Archäologische Museum** befindet. Der Park bietet eine gute Gelegenheit für eine kleine Siesta – vielleicht oberhalb des mit Reben bepflanzten Hangs.

Nach der Pause führt einen die Eisenbahnstraße weiter bis zum (neuen) **Hauptbahnhof** ❷⑨, der zusammen mit dem 1996 eröffneten, großartigen **Konzerthaus** ❸⓪ in der Bismarckallee die „Bahnhofsachse" bildet. Am Konzerthaus ist der westliche Wendepunkt des Spaziergangs erreicht und durch die Bertoldstraße geht man nun wieder stadteinwärts. Vor der Kreuzung mit dem Rotteckring befindet sich rechter Hand das **Stadttheater** ❷⑧ – es ist etwas erhöht, weil es wie das Colombischlössle auf einer ehemaligen Bastion der Vaubanschen Befestigung aus dem 17. Jahrhundert errichtet wurde. Nach dem Überqueren des Rings stößt man auf den Platz der alten Synagoge, auf dem vor der Längsfront des **Kollegiengebäudes II** der **neuen Universität** ❷❻ eine schöne Skulptur von Henry Moore zu bewundern ist.

Wer sich die Universität genauer ansehen möchte, sollte zwischen dem Kollegiengebäude II und der Rückfront des Kollegiengebäudes I hindurch auf den Campus gehen. Hier treffen Jugendstil und moderne Architektur in reizvoller Weise aufeinander.

Ob mit oder ohne Begehung dieses Innenareals setzt man den Spaziergang ein kurzes Stück in südlicher Richtung fort, um am Universitätsplatz nach links abzubiegen und den Blick auf die großartige Jugendstilfassade des **Kollegiengebäudes I** zu richten. Mit dem Philosophen Aristoteles und dem Dichter Homer vor dem Haupteingang haben sich schon Generationen von Studierenden zur Erinnerung an ihre Freiburger Studienzeit fotografieren lassen. Der weitere Weg durch das Universitätsviertel – rechter Hand das Kollegiengebäude IV – führt über die Humboldtstraße zurück zur Kaiser-Joseph-Straße.

Dort angekommen befindet sich links das **Martinstor** ❶❽, das sich durch seine Anfang des 20. Jahrhunderts erfolgte Erhöhung gut vom **Schwabentor** ❶❶, dem anderen noch erhaltenen mittelalterlichen Stadttor, unterscheiden lässt. Am Martinstor drängt sich mit der **Markthalle** (s. S. 89) und ihrem vielfältigen kulinarischen Angebot eine Unterbrechung des Spaziergangs förmlich auf. Der Zugang kann über die Grünwälderstraße oder das kleine Martins-

gässle erfolgen. An der Ecke Martinsgässle/Kaiser-Joseph-Straße befindet sich die Kolben Kaffee Akademie (s. S. 33), die man sich auf jeden Fall für das abschließende Kaffeegetränk und/oder als Startpunkt einer Fortsetzung des Rundgangs merken sollte.

Der Spaziergang führt nun zur **Gerberau** ❶❼, einer Straße mit interessanten Geschäften und Galerien, die zum Beispiel Antiquitäten, ältere und moderne Malerei, aber auch Kinderspielzeug anbieten. Der Besucher sollte nicht versäumen, vor dem Bummel einen Blick in die parallel verlaufende **Fischerau** zu werfen: Die idyllische Straße wird gerne auch als „Klein-Venedig Freiburgs" bezeichnet.

Gegen Ende der Gerberau befindet sich auf der rechten Seite das Naturmuseum (s. S. 40) und nur einen Katzensprung davon entfernt, an der Ecke **Augustinerplatz** ❶❶ und Salzstraße, trifft man auf Freiburgs bekanntestes Museum, das **Augustinermuseum** ❾. Obwohl auch in Freiburg zu beobachten ist, dass die Geschäftswelt uniformer wird, findet der Besucher unterwegs erfreulicherweise immer wieder Läden mit besonderen, freiburgspezifischen Akzenten. Zu ihnen zählt unter anderem die Buchhandlung zum Wetzstein (s. S. 22) in der Salzstraße gegenüber dem Augustinermuseum.

Vom Museum aus führt die Salzstraße nach rechts zum kleinen, hübschen Platz **Oberlinden** ❼, den – wie das Pendant Unterlinden – ein alter Marienbrunnen schmückt. Von hier aus ist auf der rechten Seite des Platzes Deutschlands ältester und überregional bekannter Gasthof **Zum Roten Bären** ❽ zu sehen, der im Jahr 2011 seinen 700. Geburtstag feierte

O10fg Abb.: pv

und trotz des Namens nicht mit einer roten, sondern einer goldglänzenden Bärenfigur auf dem Gasthausschild wirbt.

Der Spaziergang führt nun nicht zum **Schwabentor** ⓫ weiter, sondern auf einem kleinen Umweg über Herrenstraße, **Münzgasse** ❺ und **Konviktstraße** ❻. Die in der Kriegs- und Nachkriegszeit heruntergekommene enge Konviktstraße ist heute ein Schmuckstück der Innenstadt – ein Ergebnis städtebaulich herausragender und preisgekrönter Altstadtsanierung.

Seinen Abschluss findet der Spaziergang auf dem **Schlossberg** ⓭, der am östlichen Ende der Innenstadt auf der anderen Seite des Schlossbergrings beginnt. Den **Kanonenplatz** mit großartiger Sicht auf die Stadt erreicht man nach kurzem, steilem Aufstieg (alternativ mit dem Fahrstuhl ab Schlossbergring). Unterwegs kommt man am Restaurant **Greiffenegg Schlössle** ⓬ mit angeschlossener Gartenwirtschaft vorbei. Vom Kanonenplatz geht es ca. 500 m nach Norden bis zum Schloßbergrestaurant Dattler (s. S. 27), das ebenfalls eine Einkehr wert ist. Zurück in die Stadt geht es entweder mit der Schlossbergbahn, die unmittelbar am Dattler startet und im **Stadtgarten** ㊳ endet, oder zu Fuß über gut begehbare Serpentinen.

△ *Vom Kanonenplatz auf dem Schlossberg* ⓭ *hat man einen der schönsten Blicke auf Freiburg*

Freiburg für Kauflustige

Die Freiburger Innenstadt ist ein Eldorado für Shopper. Wer ein paar Besorgungen machen möchte oder nach den bekannten Kleidermarken sucht, der wird auf der großen Einkaufsmeile der Stadt fündig, der **Kaiser-Joseph-Straße** ⓳. Daneben gibt es in der Innenstadt ein paar Einkaufszentren und Passagen wie die **Schwarzwald City** am Kartoffelmarkt, der **Bursengang** zwischen Rathausplatz und Bertoldstraße oder die **Karlsbaupassage** am Karlsplatz. Seinen speziellen Charme entwickelt Freiburg aber abseits des Mainstreams. In den kleinen Gassen und Seitenstraßen gibt es viele **einzigartige Läden**, in denen man besondere Dinge findet, die es sonst nirgends gibt. Kunst, Schmuck oder Antiquitäten, Spezialitäten, Bücher oder ausgefallene Mode – das Angebot auf dem engen Raum der Freiburger Altstadt ist dicht und vielseitig. Gerade im Viertel um den Platz **Oberlinden** ⓻, in **Herren-**, **Schuster-** und **Konviktstraße** ⓺, sowie in den Straßen **Gerberau** und **Fischerau** ⓱ findet man viele individuelle Geschäfte und Boutiquen mit nicht alltäglichen Produkten. Da diese Straßen alle nah beieinander liegen, kann man hier in aller Ruhe bummeln gehen.

Einkaufszentren und -passagen

🛍1 [E4] **Atrium**, Augustinerplatz 2. Direkt am Augustinerplatz bildet diese Passage auch eine Verbindung von Grünwälder- und Salzstraße.

🛍2 [D3] **Bursengang**, zwischen Rathausplatz, Universitätsstraße, Bertoldstraße und Kaiser-Joseph-Straße. Einkaufspassage mit verschiedenen Geschäften.

🛍3 [E3] **Karlsbaupassage**, Auf der Zinnen 1. Shopping auf zwei Etagen.

🛍4 [E3] **Schwarzwald City,** Schiffstr. 5. Von Aldi bis Saturn gibt es in dieser Einkaufspassage Geschäfte aller Branchen. Neben der Schwarzwald City gibt es noch mehrere kleine Passagen in der Freiburger Innenstadt, in denen man den klassischen Mix aus Einzelhandel, Dienstleistungen und Gastronomie findet:

Kleidung, Schuhe, Accessoires

🛍5 [D4] **be it!,** Gerberau 5, Tel. 1513260. Das be it! steht für trendige und individuelle Klamotten, die trotzdem praktisch und alltagstauglich sind. Zudem sind große Teile des Sortiments ökologisch und fair trade.

🛍6 [E4] **deutschedesigner,** Konviktstr. 47, Tel. 2085355. Auch die kleine, freund-

EXTRATIPP

Shoppen ohne 1000 Tüten

Wer einen längeren Einkaufsbummel in einer fremden Stadt plant, noch dazu in der Fahrrad- und Fußgängerstadt Freiburg, der wird sich zweimal überlegen, ob er die vielen Einkaufstüten den Rest des Tages durch die Stadt, womöglich noch ins Münster oder in ein Museum, schleppen will. Die Lösung des Problems bietet der **Päcklebus** – eine Initiative der Aktionsgemeinschaft des Freiburger Einzelhandels, „z'Friburg in der Stadt". Der Päcklebus steht jeden Samstag an der Ecke Kaiser-Joseph-Straße/Engelstraße [E3] und bewahrt für den geringen Betrag von 70 Cent Einkäufe auf, die bis zum Abend wieder abgeholt werden können.

Shoppingareale

Die wichtigsten Shoppingbereiche der Stadt sind im Kartenmaterial mit einer rötlichen Fläche markiert.

liche Boutique in der Konviktstraße ist spezialisiert auf deutsche Designerware. Die Tür links ist für „Sie", die rechts für „Ihn".

7 [E4] **Don't cry for me,** Salzstr. 35, Tel. 3869446. Das Don't cry for me ist ein Unikat. Nirgendwo sonst in Deutschland gibt es die hier zu findenden argentinischen Lifestylemarken. Die Schuhe, Kleider und Accessoires (bis hin zum Daumenkino mit der „Hand Gottes") kommen hauptsächlich aus Buenos Aires.

8 [E4] **Fräulein Smilla,** Gerberau 44, Tel. 6101690. Auch das Fräulein Smilla verfolgt den Ansatz, Ware aus fremden Ländern exklusiv anzubieten. In diesem Fall werden v. a. Accessoires, Kleinmöbel, Schmuck sowie Kleider für Jung und Alt aus Dänemark und Skandinavien verkauft, mit Erfolg – die Freiburger Boutique hat inzwischen eine Filiale in Offenburg.

9 [E3] **Frauenzimmer,** Herrenstr. 32, Tel. 2024353. Hier können Mutter und Tochter zusammen shoppen – das Angebot richtet sich an alle Altersklassen. Zudem gibt es hier einige Marken, die anderswo in Freiburg nicht zu finden sind.

10 [D4] **La Speranza,** Gerberau 3, Tel. 5901705. Bei La Speranza gibt es besondere und einmalige Accessoires wie Krawatten, Taschen und Gürtel aus vorwiegend handwerklicher Produktion. Besonderes Augenmerk legt Besitzer Olaf Kobliczek auf faire Produktion und Nachhaltigkeit.

11 [E4] **Merino,** Gerberau 44, Tel. 4019162. Mode und Unterwäsche für Babys, Kinder und Erwachsene – ausschließlich aus ökologischen Materialien und von Herstellern, die nachhaltig und sozial produzieren. Transparenz spielt dabei in dem Laden von Monika Fröwis eine große Rolle.

12 [E3] **Schuhe Lüke,** Schusterstr. 33, Tel. 380900. Im familiengeführten Traditionsbetrieb Schuhe Lüke gibt es eine

große Markenauswahl für Damen, Herren und Kinder. Der Laden befindet sich in bester Nachbarschaft, in der Schusterstraße wie in der abgehenden Augustinergasse gibt es von Gabor, Ecco, Timberland bis zu exklusiver italienischer Schuhmode alles.

13 [E7] **Schwarzwald Couture,** Hildastr. 62, Tel. 70599975. Kim Schimpfle näht Exquisites im Schwarzwaldstil. Und das Ergebnis sieht moderner aus, als man vermuten würde. Die Stücke sind so hübsch, dass sich ein Abstecher schon allein zum Anschauen lohnt.

14 [D4] **Stilbruch,** Fischerau 10, Tel. 28537872. In dem sympathischen Laden werden Kleidungsstücke kleiner Labels angeboten, meist lokal produziert und gerne auch „bio". Von sportlich bis stilvoll, aber immer bequem und praktisch. Extrem gute Beratung, da Sebastian, der Besitzer jedes Stück selbst aussucht und auch meist persönlich im Laden steht.

15 [E4] **Tonny Pamudja,** Gerberau 19, Tel. 2927223. Das überaus große Sortiment ausschließlich deutscher Modedesigner richtet sich an Damen mit anspruchsvollem Modegeschmack.

Kunst, Schmuck und Kunsthandwerk

16 [E4] **Barleben-Handspielpuppen,** Fischerau 24, Tel. 29088977. Naturnah gestaltete Tierfiguren werden aufwendig und liebevoll in kleiner Auflage gefertigt. Wolf „Beinhart" und Wollschwein „Edith" warten nur darauf, von großen und kleinen Leuten zum Leben erweckt zu werden.

17 [E4] **Gafgaf,** Gerberau 26 und 28, Tel. 3196888. Geschenke aus aller Welt von Tischläufern bis Schmuckschatullen. Viele Gegenstände sind Unikate, die direkt beim Hersteller in Asien, Afrika oder Europa in Auftrag gegeben wurden.

0111fg Abb.: bb

> **Goldschmiede im Schwabentor,**
Schwabentor ⓫, Tel. 22557. Freiburg
hat ein großes Angebot an Goldschmie-
den. Hanne Beyermann-Grubert betreibt
ihre Kunst bereits seit 1972 an diesem
Ort, ihr fünfköpfiges Team stellt Einzel-
stücke im eigenen Stil her.

18 [E4] **Holzpferd,** Gerberau 24,
Tel. 33342. In dem kleinen Spielzeug-
laden gibt es vieles, was man sonst nicht
überall bekommt – und überwiegend frei
von Plastik.

19 [D4] **Kido, Japanisches Wohnen,**
Fischerau 14, Tel. 37104. Porzellan,
Kimonos, Kleider, Lampen – alles aus
Japan – gibt es in diesem kleinen Laden.

20 [E4] **Milagro,** Gerberau 38, Tel.
7074176. Das kleine Geschäft am unteren Ende des Augustinerplatzes mutet
fast schon wie eine Galerie an. Die Besit-
zerin hat irgendwann eine Begeisterung
für Frida Kahlo und ihre Kollegen entwickelt. Seitdem reist sie durch Europa und
Südamerika und holt die besten Werke
internationaler Künstler und Designer
nach Freiburg.

⌂ *Für jeden Geschmack etwas
dabei – Freiburgs Shoppingangebote*

Antiquitäten

21 [E3] **Alois Hummel,** Schusterstr. 29,
Tel. 709500, www.biedermeier.com.
Alois Hummel ist Spezialist für den Handel und die Restauration von Bieder-
meiermöbeln, hat aber auch Stücke aus
dem 18. Jahrhundert im Angebot.

22 [F4] **Antiquariat Elsenhans,** Konviktstr. 11, Tel. 26126, www.antiquariat-
elsenhans.de. Das Antiquariat Elsenhans führt neben Büchern eine große
Auswahl an Gläsern, Porzellan und Silber
der letzten drei Jahrhunderte.

23 [E4] **Galerie Haering,** Marienstr. 13,
Tel. 25330. Die ältesten erwerbbaren
Gegenstände gibt es in Freiburg in der
Galerie Haering, die auf antike Kunst aus
Griechenland, Ägypten und dem Römi-
schen Reich spezialisiert ist.

24 [E4] **Wilkens,** Konviktstr. 53,
Tel. 33359. Das Antiquitätengeschäft
am Schwabentor ist spezialisiert auf kleinere Möbelstücke aus den vergangenen
Jahrhunderten.

Souvenirs

25 [E3] **Geschenke-Hansen,** Münsterplatz 6, Tel. 31310. Von traditionellem
Schwarzwaldkitsch wie Kuckucksuhren
und Wetterhäuschen bis zu hochwertigen
Sammlerobjekten findet man hier Souvenirs und nicht alltägliche Geschenke.

26 [D3] **Holzkunst,** Franziskanerstr. 11,
am Rathausplatz, Tel. 33280. Hand-
geschnitzte Skulpturen, Fasnetmasken
und Schwarzwalduhren gibt es in dem
Spezialgeschäft am Rathausplatz. Es ist
auch eine gute Adresse für Freunde der
Weihnachtskrippen.

27 [E3] **Münsterladen in der Alten
Münsterbauhütte,** Herrenstr. 30,
Tel. 2853711. Neben Literatur, Postkarten und Postern gibt es hier – und
nur hier – auch echte Münstersteine und
kleine Wasserspeier aus der Fertigung

der Neuen Münsterbauhütte. Alle Erlöse kommen direkt dem Münsterbauverein – und damit dem Erhalt des Münsters – zugute.

28 [fj] **SC Freiburg Fanshop**, Schwarzwaldstr. 193, Tel. 3855140, geöffnet: Mo.–Fr. 9–18, Sa. 10–14 Uhr, an Spieltagen von 9 Uhr bis eine Stunde nach Spielende. Im Fanshop des SC Freiburg gibt es Trikots, Fahnen und Autogrammkarten. Tickets für die nächsten Spiele bekommt man direkt nebenan im Ticketcenter (gleiche Öffnungszeiten).

29 [D3] **schwarzundwald**, Rathausgasse 12, Tel. 5900387. Schwarzwaldsouvenirs mit modernem Chic. Ob Kuckucksuhr oder Marmelade, in diesem Laden schwingt ein bisschen Pop-Art mit.

Bücher und CDs

30 [E4] **Blendwerk**, Gerberau 11, Tel. 35095. Irgendwo zwischen Künstlerbedarf, Papeterie und Galerie pendelt dieser Laden – Touristen bekommen hier in jedem Fall ihre Postkarten.

31 [E4] **Buchhandlung zum Wetzstein**, Salzstr. 31, Tel. 33999. Klassiker sind

▵ Die Nähe zum Schwarzwald ist auch bei den Souvenirs unübersehbar

sowohl der Eigentümer als auch der Laden. Der Buchladen am Augustinerplatz wurde schon in einem Bildband als einer der schönsten Europas verewigt. Der Besitzer ist ein engagierter und passionierter Literaturfreund, der seine eigene Edition herausbringt.

32 [B4] **Buchladen Jos Fritz**, Wilhelmstr. 15, Tel. 26877. Die Buchhandlung im Stadtteil Im Grün hat eine hervorragende Auswahl an politischer Literatur und führt auch ausgewählte Belletristik. Der vor mehreren Jahrzehnten aus der alternativen Szene hervorgegangene Buchladen ist eine feste Institution in Freiburg, die Beratung ist kompetent und freundlich.

33 [D3] **Compact Disc Center**, Schiffstr. 8, Tel. 37171. Musikfreunde sind im unabhängigen CDC gut bedient. Der gut sortierte Laden bietet ein Sortiment auch abseits des Alltäglichen und dazu individuelle Beratung.

34 [D3] **Landkartenhaus**, Schiffstr. 6, Tel. 23908. Freiburgs unangefochtene Nummer 1 in Sachen Karten. Wer eine Wander- oder Fahrradkarte braucht, ist hier richtig. Im Übrigen gibt es eine gute Auswahl an regionaler Literatur, Stadtführern und Bildbänden.

35 [D4] **Mono Tonträger**, Gartenstr. 11, Tel. 2924310. Wer auf rare Vinylscheiben und Secondhand steht, der wird in diesem Laden glücklich.

36 [D3] **Rombach,** Bertoldstr. 10, Tel. 45002400. Neben Thalia am Kartoffelmarkt ist Rombach der lokale Platzhirsch in Sachen Bücher. Hier bekommt man den Mainstream – von Belletristik bis zum Ratgeber.

37 [D3] **Walthari,** Bertoldstr. 28, Tel. 387770. Die Unibuchhandlung hat den Fokus auf Wissenschaftsliteratur.

38 [D4] **XfürU,** Rempartstr. 7, Tel. 36741. Seit über zwei Jahrzehnten gibt es in Freiburgs Comicladen alles von Walt Disney bis Möbius. Gute Beratung inklusive.

Süßes und Leckeres

39 [D4] **Confiserie Raffael Mutter,** Gerberau 5, Tel. 2927141. Manche sagen, das Geschäft sei die Mutter der Freiburger Pralinenläden. In jedem Fall ist der Laden einer der besten seiner Sparte, sogar europaweit, wie „Der Feinschmecker" vor einigen Jahren attestierte. Nicht übersehen: Im ersten Stock werden heiße Schokolade und feiner Kaffee serviert.

40 [E5] **Holzofenbäckerei und Café** „Ruf's Backarena", Schwarzwaldstr. 2, Tel. 29280538. Schwarzwälder Kirschtorte in Dosen: Die Holzofenbäckerei Ruf aus St. Peter fabriziert seit Jahren das perfekte Mitbringsel aus dem Schwarzwald. Seit einiger Zeit gibt es die Torte auch in einer SC-Freiburg-Edition, in der das Kirschwasser besonders gut durchkommt.

41 [D4] **Honiggalerie,** Fischerau 8, Tel. 2024447. In der Honiggalerie gibt es Süßes, auch in Variationen, die man so noch nicht kannte. Angeschlossen ist eine Kerzenwerkstatt und Seife rundet das bienenorientierte Sortiment ab.

42 [D4] **Konditorei Gmeiner,** Kaiser-Joseph-Straße 243, Tel. 42991730. In der Konditorei am Anfang der Gerberau gibt es Petit Fours, Törtchen und andere süße Spezialitäten. Attraktiv für den Gaumen und auch fürs Auge.

Wein

43 [D4] **Der WeinBuchLaden,** Fischerau 12, Tel. 21495596. Im Weinbuchladen in einem denkmalgeschützten Gebäude bietet Inhaber Rolf Heizmann einen speziellen Mix aus Literatur (Schwerpunkt Weinkrimis) und Wein (Schwerpunkt eher weniger bekannte, kleine Weingüter). Sowohl die Bücher als auch die Weine sind handverlesen und nicht unbedingt bei den großen Händlern zu haben. Dazu gibt es regelmäßig Weinproben, Lesungen oder Hauskonzerte.

44 [D3] **Weinbär,** Bertoldstr. 8, Tel. 2172084. Der Weinbär legt den Fokus auf deutsche Weine, hat aber auch internationale Spitzenwinzer im Programm. Sehr empfehlenswert die Verkostungen, die immer rechtzeitig auf Facebook angekündigt werden (www.facebook.com/Weinbaer).

45 [D3] **Weinhandlung Drexler,** Merianstr. 4, Tel. 33923. Die Traditionsweinhandlung Drexler ist mit Sicherheit einer der am besten sortierten Weinläden der Stadt. Der Besitzer Ralf Schmidt hat ein großes Netzwerk an Winzern in allen bedeutenden Weinregionen der Welt. Hier oder auch im Restaurant Drexlers (s. S. 28) kann man die Weine auch wunderbar verkosten.

(s. S. 28)

EXTRATIPP

Shop 'n' Stop

Im Strass-Café in der Herrenstraße verschwimmen die Grenzen zwischen Shop und Café. Der Antiquitätenhändler Martin Cravens vereint hier das Beste aus zwei Welten. Er verkauft Vintage-Schmuck aus den Jahren zwischen 1910 und 1970 und dazu „Vintage-Kaffeekreationen" mit Kuchen.

46 [E3] **Strass-Café,** Herrenstr. 44, Tel. 32950

013fg Abb.: bb

Märkte

🔒**47** [bk] **Bauernmarkt Vauban,** Alfred-
Döblin-Platz, Mi. 14.30–18.30 Uhr.
Ein Abstecher auf den Wochenmarkt im
Viertel Vauban **㉟** lässt sich mit einer
Besichtigung des weltbekannten Freibur-
ger Öko-Quartiers verbinden.

❯ **Bauernmarkt Wiehre,** am Alten Wiehrebahnhof **㉜**, Mi. 14–18.30 Uhr, Sa.
8–13 Uhr. Von den vielen Freiburger
Bauernmärkten ist der am alten Wiehrebahnhof hervorzuheben. Zu kaufen
gibt es wie überall vor allem regionale
Erzeugnisse, Käse, Gemüse, Obst und
Wurst, man kann dem Markttreiben aber
auch einfach mit einem Café au Lait in
der Hand unter den schattenspenden-
den Bäumen zuschauen.

❯ **Münstermarkt,** Münsterplatz **❷**, Mo.–
Sa. 7.30–13 Uhr. Freiburgs bekanntester Markt und eines der wichtigsten touristischen Highlights.

◸ *Freiburgs Besuchermagnet –
der Münstermarkt*

Freiburg für Genießer

Badisch-alemannische Küche

Die in Südbaden und Teilen der
Schweiz beheimatete badisch-alemannische Küche ist – historisch be-
gründet – ein attraktiver **Mix aus el-
sässischer, österreichischer und badischer Küche** und eine der besten
Küchenrichtungen im deutschsprachigen Raum, was man schon an der
hohen Anzahl an **Sternerestaurants**
in der Region erkennen kann.

Eine Charakterisierung dieser Kü-
chenrichtung gelingt gut, indem man
sie von der schwäbischen Küche ab-
grenzt. Die unterschiedlichen Lebens-
einstellungen im katholischen, ge-
nussfreudigen Vorderösterreich, zu
dem Freiburg lange gehörte, und im
protestantischen, eher puritanischen
Schwaben hat zu tiefgreifenden Un-
terschieden bei den Kochrezepten
geführt. Ein typisches Beispiel bieten
die Maultaschen, in Freiburg liebevoll

Maultäschle genannt. Im schwäbischen Kloster Maulbronn kreiert, um das Verbot des Fleischgenusses während der Fastenzeit wenigstens mit einer bescheidenen Füllung zu umgehen (schwäbisch: „Herrgottbscheißerle"), wurden sie, als sie von der badisch-alemannischen Küche übernommen wurden, sogleich kräftig und herzhaft gefüllt.

Im badischen Raum ist die **Suppe** als Vorspeise von großer Wichtigkeit: Sie bereitet den Magen auf die nachfolgenden Köstlichkeiten vor. Zu denen zählen in Freiburg **Leberle** oder **Nierle** (geröstet oder sauer), **Schäufele** (geräucherte Schweineschulter) mit **Brägele** (Bratkartoffeln), **Spargel mit Kratzete** (Pfannkuchenteile, die dadurch entstehen, dass Pfannkuchen in der Pfanne mit der Energie scharrender Hühnerfüße auseinandergestochert werden), badische **Hechtklößchen**, **Schwarzwaldforelle**, **Wild** aus der heimischen Region, **Sonnewirbele** (Feldsalat), **Bibbiliskäs** (Quark), **Schupfnudle**, **Knöpfle** (Spätzle), **gekochtes Ochsenfleisch mit Meerrettichsoße** und **eingemachtes Kalbfleisch**.

Der dazu bekömmliche **Wein** wächst vor der Haustür. Nach Süden zwischen Freiburg und Basel im Markgräflerland wird auf lehmigfestem Boden (Rebfläche im Jahr 2011 rund 3100 Hektar) v. a. **Gutedel**, **Spätburgunder** und **Müller-Thurgau** angebaut, nach Westen bis zum Rhein (in der wärmsten Gegend Deutschlands) auf mit dicken Lössschichten bedeckten Böden vulkanischen Ursprungs (Rebfläche rund 4200 Hektar) v. a. **Grauer** und **Weißer Burgunder** sowie **Blauer Spätburgunder**. Nicht zu vergessen ist der nördlich von Freiburg im Glottertal auf vergleichsweise kleiner Rebfläche wachsende **Glottertäler**, der „gefährlich" ist, weil er zunächst in die Beine und dann erst in den Kopf geht.

Wer lieber ein **Bier** zum Essen trinkt, kann zwischen den über Deutschlands Grenzen hinaus geschätzten südbadischen Bieren entscheiden: Fürstenberg, Rothaus, Riegeler oder Freiburger Ganterbier. Gerne genehmigt man sich in Freiburg zum Abschluss des Essens auch eines der gebrannten „**Wässerle**" wie **Chriesiwasser** (Kirsch), **Himbeergeischt** oder **Ziebärtle** (wilde Pflaume).

Smoker's Guide

In Freiburg gilt das landesweite **Nichtraucherschutzgesetz,** welches eine rauchfreie Zone im Hauptraum einer Gaststätte über 75 m² fordert. Entsprechend haben die meisten größeren Bars, Restaurants und Cafés einen gesonderten **Raucherraum**. Bei den **kleineren Lokalen,** die über keine „echte" Küche verfügen, sondern höchstens Snacks ausgeben, ist die Situation von Fall zu Fall und vor allem in Abhängigkeit von der Besucherklientel unterschiedlich. Als Faustregel gilt: Je studentischer die Kneipe wird, desto höher die Wahrscheinlichkeit, dass geraucht werden darf.

Ein besonders schönes Ambiente finden Raucher im Kellergewölbe des **Hemingway** (s. S. 35) in der Eisenbahnstraße vor. Angemessen – war der Schriftsteller doch ein Freund der kubanischen Zigarren. Wer gleich noch Beratung in Sachen Tabak möchte, der kann im **Shisha Time** über 35 Sorten in der Wasserpfeife ausprobieren.

⊖**48** [C3] **Shisha Time,** Moltkestr. 1, Tel. 38496232, www.shisha-time. com, geöffnet: Mo.–Do. 10–1 Uhr, Fr./Sa. 10–2 Uhr, So. 11–1 Uhr

Hervorhebenswerte Lokale

Gehobene und gutbürgerliche Küche

49 [ek] **Busses Waldschänke** €€,
Waldseestr. 77, www.waldschaenke.de,
Tel. 74847, geöffnet: Mo.–Sa. 18–24,
sonn- u. feiertags 11.30–14.30 und
18–22 Uhr, Sept.–Mai. Mo. Ruhetag.
Ausgewogene Mischung aus Fleisch-,
Fisch- und vegetarischen Gerichten.
Zum Teil auch veganes Essen möglich.
Donnerstag ist Veggie-Tag. Gemüse,
Kräuter, Salate werden hauptsächlich
von regionalen Bauern bezogen, die
Demeter-zertifiziert arbeiten.

❭ **Colombi Restaurant** €€€€, im Colombi
Hotel (s. S. 127), geöffnet: täglich
12–14, 19–23 Uhr. Nur wenige Hotel-
restaurants in Deutschland haben einen
Michelin-Stern. Das Colombi gehört
dazu, was es auch zur unangefochten
besten Adresse in Freiburg macht. Der
Weinkeller im Colombi Hotel bietet eine
Topauswahl an Weinen aus aller Welt
und der Region, öffnet aber nur nach Ter-
minvereinbarung zur Weinprobe.

50 [E4] **Englers Weinkrügle** €€, Konviktstr. 12, Tel. 383115, geöffnet: Di.–So.
11.15–14, 17.30–24 Uhr. Gemütliches,
familiäres Restaurant in der Altstadt.
Regionale Küche mit vielen Forellen-
spezialitäten und Wildgerichten.

---

51 [E4] **Enoteca** €€€€, Gerberau 21,
Tel. 3899130, www.enoteca-freiburg.de,
geöffnet: tägl. 12–14, 19–24 Uhr, sonn-
und feiertags geschlossen. Eine Topadresse in Freiburg mit täglich wechseln-
dem Menü. Der Ableger des Enoteca,
die Trattoria, ist ein gemütlicher Altstadt-
keller um die Ecke (Schwabentorplatz 6).

52 [E3] **Ganter Brauereiausschank** €€,
Münsterplatz 18–20, Tel. 34367,
www.ganter-brauereiausschank.de,
geöffnet: tägl. 10–24 Uhr, warme Küche
11–23 Uhr. Im Ganter Brauereiausschank im Haus zum Roten Eber am
Münsterplatz gibt es nicht nur das hauseigene Bier, sondern auch Vesper und
badische Klassiker.

12 [F4] **Greiffenegg Schlössle** €€€€.
Hier speist man auf hohem Niveau.
Serviert wird traditionelle badische
Küche und mediterrane Spezialitäten.
Am Wochenende lockt der reichhaltige
Brunch. Reservierung empfohlen.

53 [D4] **Großer Meyerhof** €€, Grünwälderstr. 1, www.grosser-meyerhof.de,
Tel. 3837397, geöffnet: tägl. 10.30–
1 Uhr (an veranstaltungsfreien Abenden), sonn- und feiertags Ruhetag.
Eines der ältesten Lokale in der Altstadt.
Musik- und Kabarettveranstaltungen,
durchgehend warme Küche.

54 [E3] **Heiliggeist-Stüble** €€, Münsterplatz 15, www.heiliggeiststueble.de, Tel.
2923579, geöffnet: Di.–Sa. 9.30–23,

Preiskategorien

Die angegebenen Preiskategorien
beziehen sich auf ein Hauptgericht
am Abend. Tagsüber gibt es oft güns-
tigere Angebote.

€	bis 9 €
€€	9–16 €
€€€	16–24 €
€€€€	über 24 €

▷ *Das Ganterbräu aus der
nahegelegenen Brauerei wird
manchmal noch mit der Kutsche
ausgefahren*

So. 9–17.30 Uhr. Restaurant mit angenehmer Atmosphäre, auch offene Kabinettweine. Authentische badische Küche mit regionalen Spezialitäten. Bei schönem Wetter kann man draußen auf dem Münsterplatz sitzen.

55 Hotel Halde €€, Halde 2, 79254 Oberried-Hofsgrund, Tel. 07602 94470, www.halde.com, Restaurant: täglich 12–14 und 18–20.30 Uhr, Kuchen und Vesper: täglich 14–18 Uhr. Restaurant-Hotel auf dem Schauinsland mit grandiosem Panoramablick auf Rheintal und Vogesen.

56 [cj] **La Centrale** €€, Eschholzstr. 77, Tel. 287070, www.centrale-ewerk.de, geöffnet: Mo.–Fr. 11–1 Uhr, Sa./So. 18–1 Uhr. Snacks gibt es im Bistro und fünf Gänge im Restaurant (ab 18 Uhr geöffnet). Nicht nur zu Events im E-Werk einen Besuch wert.

57 [F4] **Lichtblick** €€€, Konviktstr. 41, Tel. 29280940, www.lichtblick-freiburg.de, geöffnet: Mo.–Do. 11.30–15, 18–23, Fr./Sa. 11–23 Uhr. Moderne und abwechslungsreiche Küche zu erstaunlich moderaten Preisen.

58 [D4] **Osteria** €€, Grünwälderstr. 2, Tel. 32054, www.osteria-freiburg.de, geöffnet: Mo.–Sa. 9–24 Uhr, sonn- und feiertags geschlossen. Abends eigene Küche und dazu ein sehr gutes Weinangebot.

59 [G3] **Schloßbergrestaurant Dattler** €€€€, Am Schlossberg 1, Tel. 1371700, www.dattler.de, geöffnet: Mo., Mi.–So. ab 9 Uhr, Küche 12–14 und 18–21.30 Uhr. Mittagstisch, Tortenbüfett und Abendessen in gehobener Atmosphäre. „Der Dattler" auf dem Schlossberg ist bekannt für den Blick über die Altstadt, auf die Vogesen und den Kaiserstuhl – von der Terrasse oder durch die Panoramascheiben im Restaurant. Die Anreise erfolgt zu Fuß, mit dem Auto oder mit der Schlossbergbahn, deren Bergstation sich direkt neben dem Restaurant befindet. Ein Tipp sind die regelmäßigen Krimi-Dinner – Mordfall mit Aufklärung inklusive. WLAN-Hotspot.

60 [bk] **Süden** €€, Alfred-Döblin-Platz 1, Tel. 45687161, www.sueden.reservoir.de, geöffnet: tägl. 10–1/2 Uhr, Sonntagsbrunch von 10–14 Uhr. Beim Restaurant Süden in Freiburgs Ökostadtteil Vauban ist der Name Programm. Das nach Süden zum Marktplatz hin ausgerichtete Haus bietet viele Sonnenplätze, wo man den ganzen Sommer Rhabarbernektar- und Weinschorle trinken kann. Im Inneren herrscht eher frankophiles Ambiente mit Antiquitäten und Ölbildern. Elsässische, badische, gutbürgerliche Küche, gerade zur Spargelzeit einen Ausflug wert.

🍴**61** [F4] **Wolfshöhle** €€€€, Konviktstr. 8, Tel. 30303, www.wolfshoehle-freiburg. de, geöffnet: Di.–Sa. 12–14, Mo.–Sa. 18–21.30 Uhr, Sonntag ganztägig. Chefkoch Sascha Weiss macht mit seiner Gourmetküche das Restaurant zu einer Topadresse in Südbaden. 16 Punkte im Gault Millau!

🔴**8** [E4] **Zum Roten Bären** €€€. Das älteste Gasthaus der Stadt, wenn nicht Deutschlands, bietet Gerichte aus verschiedenen Jahrhunderten und die besten Weine aus der Region.

Weinlokale

📍**62** [E3] **Alte Wache** €€, Münsterplatz 38, Tel. 202870, www.alte-wache.com, geöffnet: Mo.–Fr. 10–19, Sa. 10–18 Uhr, Weinausschank draußen bei schönem Wetter bis 21 Uhr. In der alten Wache am Münsterplatz befindet sich das Haus des badischen Weins. Verkostung, Abfüllung, Beratung – hier bleibt kein Wunsch rund um den badischen Wein offen. Absolut empfehlenswert ist ein Viertele auf der Rebterrasse am Fuße des Münsters.

📍**63** [C2] **Drexlers** €€€, Rosastr. 9, Tel. 5957203, www.drexlers-restaurant. de, geöffnet: Mo.–Fr. 11.30–14.30, Mo.–Sa. 18–24 Uhr. Weinkenner schätzen das große Angebot und die kompetente Beratung im Drexlers sehr – kein Wunder, die gleichnamige Weinhandlung ist seit Jahrzehnten eine der ersten Adressen in Freiburg. Doch auch die Küche des Drexlers (badisch mit italienisch/französischen Einflüssen) genießt zu Recht einen sehr guten Ruf. Reservierung empfohlen.

📍**64** [D4] **Grace** €€€, Humboldtstr. 2, Tel. 20889930, www.grace-freiburg.de, geöffnet: Mo.–So. 10–2 Uhr. Das kleine, feine Weinrestaurant bietet anspruchsvolle Küche und Topweine – die Auswahl wird von Natalie Lumpp unterstützt, einer von Deutschlands führenden Weinexpertinnen.

📍**65** [E6] **Webers Weinstube** €€, Hildastr. 35, www.webers-weinstube.de, Tel. 700743, geöffnet: Mo.–So. 18–3 Uhr. Die gemütliche Weinstube in der Wiehre nennt sich auch die „Strausse in der Stadt". Bei den Straussen im Freiburger Umland handelt es sich um saisonal geöffnete Wirtschaften, die meist Wein aus eigener Erzeugung verkaufen. Da bei Webers ebenfalls nur eigener Wein vom gleichnamigen Weingut ausgeschenkt wird, hat sich der Beiname entwickelt. Dazu gibt es „Badische Tapas" oder Schnitzel – und das bis 3 Uhr in der Nacht.

Vegetarische Küche

📍**66** [G5] **CHEzFINE** €€, Kartäuserstr. 54/56, www.chezfine.de, Tel. 38845988, geöffnet: Mi.–So. 18–24 Uhr. Das immer abwechslungsreiche und interessante Menü wechselt wöchentlich. Es gibt wahlweise drei oder fünf Gänge. Umkehrung der „Normalität": Es ist alles vegetarisch, im Hauptgang kann man optional Fleisch dazu ordern.

📍**67** [E3] **Freiburger Salatstube** €, Schwarzwaldcity (1. OG), Schiffstr. 7–9, Tel. 35911, www.salatstube.de, geöffnet: Mo.–Sa. 10–19 Uhr, So./Fe. geschl. Wahrscheinlich das größte Salatbüfett in Freiburg, bevorzugt mit Zutaten von heimischen Erzeugern. Daneben gibt es auch Nudel-, Kartoffel-, Reis-, Fisch-, Fleisch- und Wokgerichte.

EXTRATIPP **Vegetarisch, gluten- und laktosefrei**

☛73 [C6] **Kartoffelhaus** €€, Basler Str. 10, www.daskartoffelhaus.de, Tel. 72001, geöffnet: tägl. 11.30–24 Uhr, durchgehend warme Küche. Ohne Geschmacksverstärker, Zusatz- und Konservierungsstoffe, mit saisonalen Produkten von Höfen und Erzeugern aus der Region zeigt dieses Restaurant, was man aus einer einfachen Kartoffel zaubern kann. Nicht nur, aber viele vegetarische Gerichte und großes laktose- und glutenfreies Essensangebot.

EXTRATIPP **Dinner for one**

Alleine essen gehen kann man praktisch überall in Freiburg und gerade die alten Gaststuben laden hierzu ein. Besonders geeignet sind auch:

❭ **Grace** (s. S. 28). In ruhiger, angenehmer Atmosphäre speisen hier die Gäste an kleinen Tischen.

☛74 [C4] **Warsteiner Galerie** €, Milchstr. 7, www.warsteiner-galerie.de, Tel. 25611, geöffnet: Mo.–Do. 17–1, Fr./Sa. bis 3, sonn- u. feiertags 18–24 Uhr. Spanisches Flair, gemütliche Sitzplätze und Kerzenschein laden zum Verweilen ein.

☛68 [D4] **Mehlwaage** €–€€, Metzgerau 4, Tel. 2967148, www.mehlwaage-freiburg.de, geöffnet: Mo.–Mi. 11–1, Do./Fr. 11–3, Sa. 9–3, So. 9–1 Uhr. Sa./So. 10–12.30 Uhr Frühstücksbuffet. Hier gibt es eine große Auswahl an vegetarischen Flammkuchen.

☛69 [D3] **Vegetage** €, Rathausgasse 4, Burse, 1. Etage, Tel. 2177500, www.vegetage.de, geöffnet: Mo.–Sa. 11–20 Uhr. Geboten wird ein kaltes und warmes vegetarisches Buffet, und das schnell und relativ preiswert und auch zum Mitnehmen. Kuchen, Backwaren und Desserts aus eigener Konditorei. Frische Säfte und Säfte von regionalen Obstbauern. Im 1. Stock des Restaurants Burse im Bursengang, der Passage zwischen Rathausplatz und Bertoldstraße.

❭ Im **Restaurant des Hotels Kreuzblume** (s. S. 127) gibt es von Mittwoch bis Sonntag jeden Abend ein vegetarisches 2- bis 6-Gänge-Menü und im Restaurant **Lichtblick** (s. S. 27) werden immer mehrere vegetarische Gerichte angeboten.

Internationale Küche

☛70 [D2] **Basho-An** €€, Merianstr. 10, Tel. 2853405, www.bashoan.com, Di.–Sa. 12–14, 18–22 Uhr, So. 18–22 Uhr. Laut „fudder.de" eines der besten Sushi-Restaurants Deutschlands. Mittags gibt es auch relativ günstige Speisen auf der Karte.

☛71 [D3] **Euphrat** €, Niemensstr. 13, geöffnet: Mo.–Do., Fr./Sa. 11–1 Uhr, So. 11–24 Uhr. Den Dönerladen in Uninähe erlebt man selten leer. Nicht nur Studenten nehmen hier die Warteschlangen in Kauf, um einen der Euphrat-Döner zu bekommen.

☛72 [D4] **Jaipur** €€, Gerberau 5 in der Dietler Passage, Tel. 272082, www.jaipur-ind.de, geöffnet: Mo.–Sa. 11.30–14.15 u. 18–22.30, So. 18–22.30 Uhr. Das indische Restaurant am Martinstor wurde 2000 mit dem Feinschmecker-Award für die besten ausländischen Lokale Deutschlands ausgezeichnet. WLAN-Hotspot.

☛75 [di] **Laotisches Restaurant Rose** €, Stefan-Meier-Str. 34, Tel. 2852618, geöffnet: Mo.–So. 11–21.30 Uhr. In den einfachen Räumlichkeiten (es war mal ein Blumenladen) wird alles frisch im Wok zubereitet. Die Chefin gibt auch Kochkurse, der Erlös geht an brustkrebskranke laotische Frauen. Authentisch, sehr lecker und günstig.

76 [E2] **Primomarket** €–€€, Bernhardstr. 6, Tel. 2922441, geöffnet: Mo.–Fr. 9–19.30 Uhr, Sa. 9–16 Uhr. Der italienische Supermarkt mit Mittagstisch ist unter Freiburgern beliebt. Eigenwillige Mischung aus Kantine und Großfamilienküche. Täglich wechselnde Auswahl an Pasta-Gerichten und Pizza. Bezahlt wird an der Supermarktkasse.

77 [D3] **Tizio** €€, Rotteckring 14, Ecke Rathausgasse, Tel. 7149250, www.trueffel-seminar.de, geöffnet: Mo.–Fr. 9.30–24, Sa. 9.30–1 Uhr, sonn- und feiertags geschlossen. Neben der gutbürgerlichen italienischen Küche ist das Tizio v. a. aus einem Grund einen Besuch Wert: Der Besitzer Angelo Pellegrini ist passionierter Trüffelexperte und setzt diese Delikatesse auch gerne ein.

Mittagstisch und für zwischendurch

78 [ej] **Biosk** €, Schwarzwaldstr. 80a, Alter Messplatz, Tel. 3843804, www.biosk.eu, geöffnet: Mo.–Fr. 8.30–17.30 Uhr, Sa./So. 10–17 Uhr. Selbst die Trinkhallen sind in Freiburg nachhaltig. Suppen, Brezeln, belegte Brötchen und Kaffee am Stehtisch oder zum Mitnehmen gibt es im „Biosk", einem ehemaligen Kiosk am alten Messplatz in der Wiehre. Alles „Bio" und mit ausgeglichener CO_2-Bilanz.

79 [D6] **Divina's Art Café** €, Günterstalstr. 31, Tel. 1540895, geöffnet: Mo.–Fr. 10–18, Sa. 11–17 Uhr. Kunst, Wein und leckere Speisen, besonders empfeh-

Vom Kastaniengarten aus scheint das Schwabentor zum Greifen nahe

EXTRATIPP

Lokale mit guter Aussicht
Den Blick vom Schlossberg auf die Altstadt und die Rheinebene genießt man vom **Schloßbergrestaurant Dattler** (s. S. 27) und dem **Greiffenegg Schlössle** 12 bzw. vom **Biergarten Kastaniengarten** (s. S. 31).
Bei einem Cocktail im **Kagan** (s. S. 36) im Solar Tower, dem zweithöchsten Gebäude der Stadt, sieht man die Altstadt von der anderen Seite – und das Münster von vorne.
Den großen Panoramablick auf die gesamte Stadt hat man aus südlicher Richtung vom **Jesuitenschloss** (s. S. 31).

lenswert, wenn gerade Suppenwoche ist. Das Ganze in wunderbarem Ambiente, sodass man für die 10 Minuten Fußweg in die Wiehre belohnt wird.

80 [D2] **Mahlzeit** €, Merianstr. 30, Tel. 2171964, geöffnet: Mo.–Fr. 11.30–16 Uhr. In der freundlichen Suppenküche gibt es eine kleine Auswahl an köstlichen Suppen oder Tagesgerichten in zertifizierter Bioqualität. Dazu selbstgebackenes Brot, Salate und Desserts.

Markthalle (s. S. 89). Das Freiburger Fressgässle mit Gerichten aus aller Welt. An zahlreichen Ständen gibt es von Nudeln bis Sushi, von Indisch bis Persisch Spezialitäten aus aller Herren Länder. Auch die lokale Küche ist vertreten mit Flädlesuppe und Flammkuchen sowie einem Viertele badischen Weins.

81 [E3] **mm! leckerbar** €, Kaiser-Joseph-Str. 165, Tel. 5900105, www.mm-leckerbar.de, geöffnet: Mo.–Fr. 11.30–20, Sa. 11.30–18 Uhr. Suppen, Salate und Ciabatta mit leckeren Toppings aus 100 % natürlichen Zutaten.

82 [E4] **Saftlädele** €, Schusterstr. 34, Tel. 33644, geöffnet: Mo.–Fr. 9–18, Sa. 9–17 Uhr. Das Saftlädele an der

Ecke Schuster-/Augustinerstraße bietet frischgepresste Säfte in allen Variationen und Geschmacksrichtungen.

📍83 [E4] **Sonnensaft** €, Herrenstr. 60, Tel. 1375659, geöffnet: Mo.–Sa. 8–20 Uhr. Vitamine in Saft- und Suppenform. Der Laden ist sehr beliebt, so wird es an den Stehtischen zur Mittagszeit meistens recht voll.

Biergärten und Gartenrestaurants

Auf dem **Münsterplatz** ❷ kann man im Sommer exzellent im Freien sitzen. Alle Restaurants und Weinstuben haben Tische und Stühle in der Sonne und man kann in Ruhe ein Viertele badischen Weins oder ein Ganter trinken. Weitere gute Adressen, um draußen zu sitzen, sind:

📍84 [F5] **Ganter Hausbiergarten,** Leo-Wohleb-Str. 4, Tel. 7070444, www.ganter-hausbiergarten.de, geöffnet: Mo.–Fr. 17–24, Sa. 14–24, So. 11–24 Uhr. Der Biergarten ist im schönen Innenhof der Ganter Brauerei gelegen und versorgt die Gäste mit Getränken. Die Vesper darf mitgebracht werden, ebenso kann man einen Grill

mieten. Alternativ gibt es natürlich auch Würstchen vom Hausgrill.

📍85 [bl] **Jesuitenschloss,** Schlossweg, auf dem Schönberg, Tel. 4011810, www.jesuitenschloss.de, geöffnet: Mo.–Sa. ab 12 Uhr, So. ab 9.30, sonntags Brunch 9.30–14 Uhr. Von der Terrasse kann man bei Flammkuchen und Wein aus dem angeschlossenen Stiftungsweingut einen der schönsten Blicke auf Freiburg genießen. Dieser entschädigt dafür, wenn der Service mal etwas länger braucht.

📍86 [F4] **Kastaniengarten,** Schlossbergring 3, Tel. 32728, www.greiffenegg. de, geöffnet: tägl. 11–24 Uhr. Der Kastaniengarten liegt direkt oberhalb des Greiffenegg Schlössles und bietet einen großartigen Blick auf die Altstadt und ins Dreisamtal.

📍87 [ck] **Schloß-Café auf dem Lorettoberg,** Kapellenweg 1, auf dem Lorettoberg, Tel. 403840, www.schlosscafefreiburg.de, geöffnet: tägl. 10–24, Frühstück Mo.–Fr. 10–12, Sa./ So. 10–14.30 Uhr. Große Terrasse, leckeres Essen und Blick auf Wiehre und Schwarzwald.

EXTRATIPP

Strausswirtschaften

Wer ein bisschen Zeit hat und zur richtigen Jahreszeit vor Ort ist, dem ist eine Radtour zu einer der vielen Strausswirtschaften zu empfehlen. Strausswirtschaften sind Lokale, die **an eine Winzerei angeschlossen** sind und leckere saisonale Speisen und Wein aus eigener Erzeugung anbieten. Bei allen Straussen empfiehlt es sich, **vor dem Besuch anzurufen** oder auf den Internetseiten nachzuschauen, ob geöffnet ist.

🕐**91 Griestalstrausse** €, Griestal 2, 79112 Freiburg-Opfingen, ca. 2 km hinter dem Stadtteil Opfingen Richtung Tuniberg auf freiem Feld, Tel. 07664 400675, www.griestal-strausse.de, geöffnet: Frühjahr bis Herbst Mo.–Fr. ab 17 Uhr, Sa. ab 15 Uhr, So./Fe. ab 12 Uhr. Spargel, Obst, Wein und Schnaps – alles aus ökologischem Anbau. Beliebtes Ausflugsziel, für das man ein bisschen Zeit einplanen sollte.

🕐**92 Sonnenbrunnenstrausse** €, Unterdorf 30, 79112 Freiburg-Opfingen, www.sonnenbrunnenstrausse.de, Tel. 07664 59273, geöffnet: saisonal bedingt, genaue Zeiten auf Anfrage. Mit dem Fahrrad durch den Opfinger Wald, Richtung Opfingen. Mit Bus 33 bis Opfingen Rathaus, dann ca. 200 m zu Fuß. Wein aus ökologischer Herstellung, Speisen und Zutaten ebenfalls überwiegend Bio. Donnerstags ist Studententag.

❭ **Weitere Infos** zu Straussen und deren stark variierenden Öffnungszeiten unter www.strausseninfo.de.

❭ Radtourfreunde sollten sich mit einer **Radwegkarte** ausrüsten. Die Radwanderkarte „Landkreis Breisgau-Hochschwarzwald und Stadt Freiburg" gibt es für 9,90 € in der Tourist Information (s. S. 119) im Neuen Rathaus oder im Landkartenhaus (s. S. 22).

🍴**88 Waldrestaurant St. Ottilien**, Kartäuserstr. 135, Tel. 63230, www.st-ottilien.com, Apr.–Okt. tägl. ab 12, So./Fe. ab 10, Nov.–März Sa. ab 12 und So. ab 10 Uhr. (Gastronomische) Wallfahrtsstätte im Stadtwald, ca. eine Stunde Spaziergang vom Kanonenplatz entfernt. Biergarten, Spielplatz und Schwarzwaldblick.

🍴**89** [el] **Waldrestaurant St. Valentin**, Valentinstr. 100, Tel. 7077748, www.sanktvalentin.eu, Mo. ab 18 Uhr (Nov.–März Ruhetag), Di.–Sa. 12–24 Uhr, So./Fe. 11–24 Uhr. Oberhalb von Günterstal gelegen und eines der beliebtesten Ausflugsziele der Freiburger und Endpunkt bzw. Zwischenstation vieler Spaziergänge. Auch mit dem Fahrrad gut erreichbar (es geht bergauf!). Für Bewegungsmuffel gibt es einen Parkplatz wenige 100 Meter unterhalb des Restaurants. Bekannt für Flamm- und Pfannkuchen.

Cafés und Eiscafés

🕐**90** [E4] **Café Capri**, Gerberau 30, www.cafe-capri.de, geöffnet: Mo.–Sa. 11–1, So. 11–19 Uhr. Das Eis schmeckt hier noch wie in der Kindheit. Bei Klavierkonzert und Oper aus den Lautsprechern kommt hier schnell italienisches Flair auf. Dazu gibt es eine große Auswahl an nationalen und internationalen Zeitungen. Hier kann man gut eine Weile sitzen.

🕐**93** [D5] **Café Extrablatt am Dreisamufer** @@, Schreiberstr. 1, Tel. 29281899, www.cafe-extrablatt.com, geöffnet: Mo.–Do., sonn- u. feiertags 9–1, Fr./Sa. 9–3 Uhr. Das Café Extrablatt, den Freiburgern eher bekannt als Dreisamufercafé, ist

WLAN-Hotspots
Lokalitäten mit WLAN-Hotspots sind hier mit „@@" gekennzeichnet.

eine Oase in der Innenstadt. Obwohl es unterhalb der vielbefahrenen Schreiberstraße liegt, hört man auf der Terrasse nur das Rauschen der Dreisam.

❭ **Café Graf Anton** ⊕⊕, im Colombi Hotel (s. S. 127), geöffnet: tägl. 8–18.30, So. 10–18.30 Uhr. Das Café im Colombihotel bietet eine edle Auswahl an Kuchen, Torten und Pralinen aus eigener Confiserie.

❍**94** [F5] **Café Ruef,** Kartäuserstr. 2, Tel. 2025951, www.ruef.de, geöffnet: Mo.–Sa. 6–1 Uhr. Morgens gibt es Kaffee, nachmittags Torte und abends ein Weinchen, das gemütliche und leicht schräge Café Ruef bietet für jeden und für jede Tageszeit etwas. Im Keller befindet sich außerdem das Ruefetto (s. S. 37), eine von Freiburgs beliebtesten Discos.

❍**95** [B3] **Café Vélo** ⊕⊕, Wentzingerstr. 15, Tel. 2927630, www.cafe-velo.de, geöffnet: tägl. 10–20, Mittagstisch Mo.–Fr. 10–14 Uhr. Das Café befindet sich im Obergeschoss der Fahrradstation mobile am Hauptbahnhof. An Sonn- und Feiertagen Frühstücksbuffet mit Blick durch die Panoramascheibe auf Stadt und Schauinsland.

❍**96** [D4] **Kolben Kaffee Akademie,** Kaiser-Joseph-Straße 233, Tel. 3870013 und 3870024, www.kolbenkaffee-freiburg.de, geöffnet: Mo.–Fr. 7–19, Sa. 8–19, sonn- und feiertags 10–17 Uhr. Gleich neben dem Martinstor befindet sich Freiburgs ältestes Stehcafé, bestens geeignet für eine Stärkung zwischendurch. Die hauseigene Patisserie liefert Kuchen, Törtchen und Sandwiches. Nicht zuletzt wegen seiner Kaffeevielfalt wurde die Kolben Kaffee Akademie mehrfach von einem Feinschmecker-Journal ausgezeichnet.

❍**97** [E4] **Manna – Die Spezerei, Café am Augustinerplatz,** Salzstr. 28/Augustinerplatz, Tel. 2909664, geöffnet: Nov.–Apr. Mo.–Sa. 9–19, sonn- u. feiertags 10–19 Uhr, Mai–Okt. Mo.–Sa. 8.30–21, sonn- u. feiertags 9–21, Fr./Sa. bei schönem Wetter bis 23 Uhr. Spezialität des Hauses sind frische Biobrote mit

☑ *Kaffeetrinken im Klosterkreuzgang – das Café Baldung im Augustinermuseum (s. S. 34)*

einer feinen Auswahl an leckeren Belägen wie Avocadocreme oder Feigen-Dattel-Ziegenkäse-Aufstrich. Bei schönem Wetter sitzt man draußen und schaut auf den Augustinerplatz.

98 [E4] **Café Baldung im Augustinermuseum,** Augustinerplatz 1–3, Tel. 21198962, www.sebastiantrefzer.com, geöffnet: Di.–So. 10–17 Uhr. Im Kreuzgang des Augustinermuseum kann man in ruhiger und entspannter Atmosphäre Kaffee trinken. Im Sommer angenehm kühl.

99 [C3] **Quadrille Theatercafé,** Bertholdstr. 46, Tel. 2172220, www.quadrille-freiburg.de, geöffnet: Mo.–Sa. 10–1, So. 14–1 Uhr. Das Quadrille ist bei Freiburgern eher als Theater im Stadtcafé bekannt und als dieses ist es eine feste Institution in der Stadt.

100 [C3] **Sedan Café,** Sedanstr. 9, geöffnet: Mo.–Fr. 8–19 Uhr, Sa. 9–19 Uhr. Freundlich, hell und mit Auge fürs Detail eingerichtet. Toller Kaffee und feine Snacks. Befindet sich im Stadtviertel Im Grün.

Freiburg am Abend

Freiburg hat für seine Größe ein **reichhaltiges Angebot** an **Nachtlokalen, Klubs** und **Bars** zu bieten. Auch Freunde der **Livemusik** kommen in der Stadt auf ihre Kosten und nicht selten machen hier auch internationale Acts Station. Gerne passiert das alles gleich unter einem Dach, wo man dann in der Regel gleich noch das Tanzbein schwingen kann.

Das pulsierende Nachtleben ist mit Sicherheit der Anwesenheit von **über 20.000 Studenten** zu verdanken. Entsprechend sind allerdings sowohl die Ausrichtung als auch das Publikum häufig eher als jugendlich zu bezeichnen. Die ganz Feierwütigen sollten außerdem auch beachten, dass es in Freiburg eine **Sperrstunde** gibt – unter der Woche ist spätestens um 3 Uhr Schluss, am Wochenende um 5 Uhr. Gartenlokale und Biergärten räumen den Außenbereich um 23 bzw. 24 Uhr.

017fg Abb.: pv

Unmittelbar am Martinstor ⑱ zweigt von der Kaiser-Joseph-Straße ⑲ die Löwenstraße [D4] ab, wo das sogenannte **Bermudadreieck** beginnt. Dieses kleine Areal zwischen Universität, Niemens- und Löwenstraße weist die höchste Bar-, Klub- und Discodichte in Freiburg auf. Hier treffen sich Studenten, Jugendliche und Feierwillige und manch einer ist hier schon abgestürzt, weshalb Freiburgs Kneipenviertel auch seinen Namen trägt. Leider führt der erhöhte Alkoholkonsum an Wochenenden nachts auch zu **Schlägereien**. Man sollte daher aggressiv auftretenden, betrunkenen Feierwütigen möglichst aus dem Weg gehen. Wer tief ins Freiburger Nachtleben eintauchen möchte, kann hier aber ansonsten **bis in die Morgenstunden tanzen.**

Nachtcafés, Kneipen und Bars

○**101** [D4] **ART-Café,** Niemensstr. 6, www.artcafe-freiburg.de, geöffnet: Mo.–Do. 9–1 Uhr, Fr. 9–3 Uhr, Sa. 10–3 Uhr, So./Fe. 15–24 Uhr. Kleine Studentenkneipe in Uninähe, die von früh bis spät bevölkert ist.

🕐**102** [A2] **Beat-Bar-Butzemann,** Eschholzstr. 38, www.beatbarbutzemann.de, Mo.–Do. 18–2, Fr./Sa. 18–3, So. 18–1 Uhr. In der alternativen Beat Bar kann man den Abend über gemütlich abhängen oder nach einer langen Nacht hier noch einen letzten Stopp einlegen (da ist es dann richtig voll). Di. wird Reggae aufgelegt, Do. und Fr. Alternative und Punk. Sonntags wird Tatort gezeigt. Freundliches Personal, sehr beliebt bei Studenten, es wird geraucht.

🕐**103** [D4] **Coucou,** Rempartstr. 4, Tel. 2025120, www.coucou-freiburg.de, geöffnet: Mo.–Fr. ab 8, Sa. ab 9, So. ab 10 Uhr. Das Coucou ist eine Mischung aus Café, Restaurant und Cocktailbar. Beachtenswert ist das Interieur vom Offenburger Künstler Stefan Strumbel.

○**104** [E4] **Hausbrauerei Feierling,** Gerberau 46, Tel. 243480, www.feierling. de, geöffnet: tägl. 11–24, Fr./Sa. bis 1 Uhr. Das Bier der ältesten Brauerei Freiburgs – das naturtrübe „Inselhopf" – wird von der vierten Feierling-Generation inzwischen aus ökologischen Rohstoffen gebraut, dazu gibt es gutbürgerliche Küche. Von Mai bis September wird im Biergarten (gegenüberliegende Straßenseite) Vesper wie Radi mit Butterbrot, Würste oder Bibeleskäs gereicht.

○**105** [C3] **Hemingway,** Eisenbahnstr. 54, www.hemingway-freiburg.de, Tel. 20734501, geöffnet: tägl. 18–2 Uhr. Der Name geht auf einen Besuch des Sohnes des bekannten Schriftstellers zurück. Die gesamte Bandbreite an Cocktails, Longdrinks und anderen Getränken kann man hier ordern. Auch für Raucher empfehlenswert, oben ist Nichtraucherbereich, aber das Kellergewölbe ist Smoker's Area, und noch dazu eine sehr schicke.

○**106** [E4] **Isle of Innisfree Irish Pub,** Gerberau 9a, im Atrium am Augustinerplatz, Tel. 22984, www.isleofinnisfree.de, geöffnet: So.–Do. 17–1, Fr. 17–2, Sa. 15–2 Uhr. Am Wochenende Livemusik, unter der Woche regelmäßig keltischer Tanz und Karaoke. Dazu Guinness oder Whisky. Bundesliga- und Champions-League-Liveübertragungen.

🕐**107** [C3] **Jackson Pollock Bar,** Sedanstr. 8, www.jacksonpollockbar.com, Tel. 281594, geöffnet: Di.–Do. 19–2, Fr./Sa. 19–5, So. 19–2 Uhr. In dieser Bar im Stadttheater Freiburg vermischen sich Theaterpublikum und Nachtschwärmer. Es wird gern getanzt und man ist

◁ *„Beim Feierling" gibt es hausgebrautes Bier*

leger bis stylish unterwegs. Richtig los geht es erst um 22.30 Uhr, wenn die Theatervorstellung vorbei ist. Dienstags und donnerstags Salsa, am Wochenende Elektro.

🕐**108** [E4] **Juri's Cocktail und Wine Bar,** Schwabentorplatz 7, Tel. 4504182, www.juris-bar.de, geöffnet: Mo.–Do 20–3 Uhr, Fr. 20–5 Uhr, Sa. 19–5 Uhr. In der kleinen und schicken Cocktail- und Weinbar gibt es inzwischen über 34 Ginsorten sowie Cocktails mit selbst hergestelltem Sirup.

🕐**109** [B2] **Kagan,** Bismarckallee 9, Tel. 7672766, www.kagan-lounge.de, geöffnet: Lounge Do.–Sa. 20–5, Klub Mi./ Do. 22–5, Fr.–Sa. 23–5 Uhr, Lounge im Sommer geschlossen. Ob man nur ein Käffchen trinken oder bis in die Morgenstunden tanzen will – im Kagan geht beides. Und das bei einer spektakulären Aussicht aus dem 18. und 19. Stock des Solar Tower.

🕐**110** [C3] **Karma,** Bertoldstr. 51–53, Tel. 2074518, www.karma-freiburg. de, geöffnet: Bar So.–Do. 9.30–2, Fr.–Sa. 9.30–3, Klub Fr./Sa. 23–5 Uhr. Bar und Restaurant sind immer offen, am Wochenende öffnet auch der Klub mit Tanz bis in die Morgenstunden. Das Publikum ist stylish, Einlass ab 21 Jahren, Musik von Lounge bis Charts. WLAN-Hotspot.

🕐**111** [E3] **Schneerot,** Münsterplatz 11, im Kornhauskeller, Tel. 6819175, www. schneerot.de, geöffnet: Fr./Sa. 23–5 Uhr, Mi. ab 23 Uhr. Schicker Klub am Münsterplatz mit House, Dance und R&B, freitags ist Ladies Night. Ein Platz an der (i-)Bar lohnt sich, diese ist nämlich interaktiv und weltweit die längste ihrer Art.

🕐**112** [D4] **The Great Räng Teng Teng,** Grünwälderstr. 6, Tel. 28546972, www.raengtengteng.com, geöffnet: Mo.–Do. 20–3, Fr./Sa. 20–5 Uhr, So. nur bei Veranstaltungen. „Johnny Cash

würde sich hier wohlfühlen", wirbt die coole Kellerbar auf ihrer Website. In der Tat läuft hier viel Country (der alternativen Art) und Rock'n'Roll (der klassischen Art). Flipper, Elvis-Pub-Quiz, ab und zu gute Livebands und Do. bis Sa. Kneipen-DJs. Sehr entspannt und durchaus auch was für nicht mehr ganz junge Semester.

Klubs und Discos

Wer mit der Jugend der Stadt tanzen gehen möchte, ist auf den Dancefloors der Stadt gut aufgehoben. In Discos wie dem **Agar** oder dem **Drifters** wird bis morgens zu lauten Beats gefeiert, etwas kultiger aber nicht weniger laut geht es im **White Rabbit** (Dub und D&B, aber auch Bands und *open stage*) zu. Und wenn nichts mehr geht – im **Crash** geht noch was. In der legendären Freiburger Punkrocklocation mit Wurzeln in der Hausbesetzerbewegung der 1980er-Jahre ist es am Wochenende um 3 Uhr morgens immer rammelvoll.

🔴**115** [D4] **Agar,** Löwenstr. 8, Tel. 380650, www.agar-disco.de, geöffnet: je nach Veranstaltung, Mo./Mi. geschlossen

🔴**116** [B4] **Crash,** Schnewlinstr. 7, Tel. 382916, www.crash-freiburg.de, geöffnet: Do. ab 22 Uhr, Fr./Sa./So. je nach Veranstaltung, aber immer bis in die frühen Morgenstunden.

🔴**117** [B4] **Drifters,** Schnewlinstr. 7–9, Tel. 383234, www.drifters-club.de, geöffnet: Do.–So. ab 23 Uhr

🔴**118** [E2] **White Rabbit,** Leopoldring 1, www.white-rabbit-club.de, geöffnet: Di.–Do. u. So. 20–2 Uhr, Fr./Sa. 21–3 Uhr

Livemusik

🔴**119** [cj] **E-Werk Kulturzentrum,** Eschholzstr. 77, www.ewerk-freiburg.de, Tel. 207570, geöffnet: je nach Veranstaltung. Das E-Werk im Stühlinger ist eine der besten Adressen für kulturelle, oft internationale Veranstaltungen aller Art. Livemusik, Theater, Ausstellungen und v. a. Tanz. Es ist Gastgeber des Tanzfestivals Freiburg und Zentrum der Freiburger Tanzszene. Auch die Freiburger Schauspielschule ist hier untergebracht. Das um 1900 entstandene E-Werk ist seit 1989 Kulturzentrum und wurde 2011 komplett umgebaut.

120 [B3] **Jazzhaus,** Schnewlinstr. 1, Tel. 2923446, www.jazzhaus.de, geöffnet je nach Veranstaltung. Das Jazzhaus ist Freiburgs Aushängeschild, wenn es um Musikklubs geht. In dem 1987 eröffneten, stimmungsvollen Keller spielten schon so unterschiedliche Künstler wie Miles Davis, Muddy Waters oder die Söhne Mannheims, aber auch lokale Größen und Newcomerbands. Mit jährlich 250 Konzerten der unterschiedlichsten Stilrichtungen ist für jeden Geschmack etwas dabei. Wenn kein Konzert ist, wird die Tanzfläche freigegeben.

121 [B4] **Jos Fritz Café,** Wilhelmstr. 15/1, Tel. 30019, www.josfritzcafe.de, geöffnet: Mo. 10–2, Di./Mi. 10–24, Do. 10–2, Fr./Sa. 10–3, So. ab 12 Uhr. Jeden Dienstag finden im Wechsel die Jazznight oder die Hammond Jazznight statt, eine Freiburger Institution mit Musikern von teilweise internationalem Kaliber. Auch sonst gibt es viel Livemusik, Ausstellungen, Lesungen oder Vorträge. Im Sommer kann man schön draußen sitzen, das Café liegt in der Spechtpassage. Freitags im Wechsel schwul-lesbisch oder Frauenabend.

> **Ruefetto,** im Keller des Café Ruef (s. S. 33), www.ruefetto.de, Tel. 33663. Unscheinbarer Zugang über eine steile Treppe, die man gar nicht ohne Weiteres finden würde, stünden am Wochenende nicht die Besucher bis auf die Straße. Studentisches Publikum. Funk, Soul und Reggae. Donnerstags immer Livejazz.

122 [ek] **Waldsee,** Waldseestr. 84, Tel. 73688, www.waldsee-freiburg.de, geöffnet: Mo. 11–3, Di.–Do. 11–2, Fr./Sa. 11–5, So. 10–1 Uhr. Restaurant, Café, Galerie – das Waldsee ist eine weitere multifunktionale Kulturinstitution in Freiburg. Bekannt v. a. als Tanzklub (Jazz, Soul, Elektro) und Konzert-Location (viel Jazz). Zum Abkühlen tritt man auf die Terrasse und blickt auf den nächtlichen See. Tagsüber mit Tret- und Ruderbootverleih.

Für den späten Hunger

EXTRATIPP

Wer kennt es nicht – auf dem Weg von oder zur Bar packen einen die *munchies* – der spätabendliche Heißhunger. Da ist es gut zu wissen, wo es nach Mitternacht noch etwas Warmes gibt.

113 [A1] **Brennessel,** Eschholzstr. 17, www.brennessel-freiburg.de, geöffnet Mo.–Sa. 18–1 Uhr, sonn- und feiertags 17–1 Uhr. Auch hier ist man unter Studenten. Je später der Abend, desto eingeschränkter die Essensauswahl, Spaghetti gibt es aber bis kurz vor 1 Uhr immer.

114 [E5] **Café Atlantik,** Schwabentorring 7. Hier kann man bis 1.30 Uhr günstig Baked Potatoes oder Schinken-Käse-Flutes essen und danach noch einen Absacker am Tresen trinken.

> **Hotel und Restaurant Löwen** (s. S. 128), geöffnet: tägl. 11–3 Uhr. Der Klassiker unter den Late-Night-Stops. Letzte Bestellung um 2 Uhr. Schweinshaxe mit Brot, Soße und Ganter gibt es als Nachtschwärmerangebot für 9 €.

> In **Webers Weinstube** (s. S. 28) gibt es bis 3 Uhr nachts „badische Tapas".

Kino

Die Freiburger sind passionierte Kinogänger. Die Anzahl von Kinobesuchen pro Einwohner ist die höchste in ganz Deutschland. Bereits im späten 19. Jh., nur wenige Jahre nach der ersten Kinovorführung überhaupt (1895 in Berlin), gab es hier die ersten Kinematograf-Vorführungen. Ein festes Lichtspielhaus folgte 1906. Heute finden sich in Freiburg **fünf Kinos.** Neben dem obligatorischen Cinemaxx bestimmen dabei v. a. die vier überregional bekannten und preisgekrönten **Independent-Kinos** das Bild.

> **123** [C3] **Cinemaxx**, Bertoldstr. 50, www.cinemaxx.de. Freunde des Popcornkinos kommen hier auf ihre Kosten. In neun Sälen laufen immer die aktuellsten Blockbuster.

> **124** [D4] **Kino Friedrichsbau**, Kaiser-Joseph-Straße 268, Tel. 36031, www.friedrichsbau-kino.de. Das Kino Friedrichsbau ist genau wie das Harmonie und der Kandelhof Teil des Friedrichsbaulichtspielverbunds. Hier gibt es anspruchsvolles Independent-Kino. Das Programm wurde 2007 mit dem „European Cinema Award" ausgezeichnet. Auch viele Originalfassungen sind hier zu sehen. Seit 2011 mit digitaler Projektionstechnik ausgestattet. Die Kasse öffnet 20 Minuten vor Vorstellungsbeginn.

> **125** [di] **Kandelhof**, Kandelstr. 27/Ecke Rennweg, www.friedrichsbau-kino.de, Tel. 283707. Ebenfalls Teil des Friedrichsbauverbunds. Ca. 15 Minuten Fußweg nördlich der Altstadt. Die Kasse öffnet 20 Minuten vor Vorstellungsbeginn.

> **126** [E4] **Harmonie**, Grünwälderstr. 16–18, www.friedrichsbau-kino.de, Tel. 283707. Mit sechs Sälen das Größte der Friedrichsbau-Independent-Kinos. Hier und im Kino Friedrichsbau findet alljährlich das Freiburger Filmfest

statt. Die Kasse öffnet 30 Minuten vor Vorstellungsbeginn.

> **Koki,** im Alten Wiehrebahnhof **32**, Tel. 700420, www.koki-freiburg.de. Das Kommunale Kino (Koki) im alten Wiehrebahnhof ist ebenfalls eine gute Adresse für anspruchsvolles und abwechslungsreiches Kino. Thematische Reihen, Werkschauen und Kooperationen mit anderen kulturellen Veranstaltungen finden hier statt. Oft gibt es Einführungen und Diskussionen, nicht selten sind Regisseure und andere Experten zu Gast. Alle zwei Jahre ist das Koki zudem Schauplatz des Freiburger Film Forums, eines bedeutenden interkulturellen Festivals des ethnografischen Films.

> **Sommernachtskino im Schwarzen Kloster,** Rotteckring 12 [D3], Tel. 36031, www.sommernachts-kino.de. Jährlich in den Sommermonaten stattfindendes Freilichtkino im Innenhof des Schwarzen Klosters. Wird von den Independent-Kinos betrieben und ist inhaltlich entsprechend ausgerichtet. Kartenreservierungen können über die Kasse im Kino Friedrichsbau erfolgen.

Theater und Konzert

Freiburg hat gemessen an seiner Größe ein unvergleichlich großes Theaterangebot. Neben den städtischen Bühnen gibt es zahlreiche kleine und mittlere Theater und freie Theatergruppen, das Angebot reicht praktisch jeden Abend in der Woche von klassisch bis experimentell. **Infos zum Programm** aller Freiburger Bühnen gibt es in der Tourist Information (s. S. 119) am Rathausplatz.

▷ *Bei einer Führung durch die Münsterbauhütte (s. S. 40) kann man skurrile Gestalten betrachten*

○127 [E4] **Alemannische Bühne,** Gerberau 15, Tel. 445567, www.alemannische-buehne.de. Theater, Musik und Kabarett sowie mehrere Stücke pro Jahr in Mundart. Man sitzt an Tischen mit Bewirtung.

○128 [B4] **Harrys Depot,** Spechtpassage, Wilhelmstr. 15, Tel. 9709269, www.ensemble-harry.de. Freiburgs kleinstes Theater mit nur 40 Plätzen bietet seit über zehn Jahren qualitativ hochwertige Produktionen. Aufgrund des begrenzten Platzangebots sind die Vorstellungen oft ausverkauft.

㉚ [B3] **Konzerthaus Freiburg.** Sitz des SWR-Sinfonieorchesters.

⊘129 [ch] **Messe,** Europaplatz 1, www.messe.freiburg.de, Buslinie 11 bis Messe. Auf dem Messegelände aus dem Jahr 2000 finden auch Konzerte, Ausstellungen und zweimal im Jahr eine Kirmes statt: die Freiburger Frühjahrs- und Herbstmess'.

㉘ [C3] **Stadttheater.** Auf den drei städtischen Bühnen gibt es nicht nur Theater, sondern auch Konzerte und Opern.

○130 [E5] **Theater am Marienbad,** Marienstr. 4, Tel. 31470, www.marienbad.org. Kinder- und Jugendtheater in einem alten Schwimmbad.

○131 [D3] **Wallgraben Theater,** Rathausgasse 5a, www.wallgraben-theater.de, Tel. 25656. 1953 gegründet, ist das Wallgraben Theater das älteste und bekannteste der privat betriebenen Theater in Freiburg. Das Programm reicht vom klassischen Drama bis zu experimentelleren modernen Stücken.

Museen, die mit einer magentafarbenen Nummer (●9) als Hauptsehenswürdigkeit ausgewiesen sind, werden im Kapitel „Freiburg entdecken" ausführlich beschrieben. Dort finden sich auch alle praktischen Informationen wie Adresse, Öffnungszeiten usw.

019fg Abb.: wb

Freiburg für Kunst- und Museumsfreunde

Museen

Freiburgs Museen waren – an anspruchsvollen überregionalen Maßstäben gemessen – lange Jahre eher unauffällig und hatten im Vergleich mit den großartigen Museumsangebot im benachbarten Basel einen schweren Stand. Dies liegt vor allem daran, dass die fünf großen Freiburger Museen in städtischer Hand sind, während sich in Basel immer wieder kunstinteressierte, vermögende und großzügige Privatleute engagiert haben. Die vergleichsweise bescheidene Reputation von **Freiburg als Museumsstadt** hat sich mit der **Wiedereröffnung des Augustinermuseums** im Frühjahr 2010 schlagartig geändert. Das „neue" Augustinermuseum findet seither deutschlandweit und auch international sowohl für

Freiburg für Kunst- und Museumsfreunde

seine Architektur als auch für seine Exponate Aufmerksamkeit und Lob, wovon auch die vier weiteren **städtischen Museen** profitieren. Die fünf Museen liegen in fußläufiger Entfernung zueinander, vier von ihnen sind sogar benachbart.

> **Archäologisches Museum,** im Colombischlössle ㉗. Das Archäologische Museum zeigt das Leben in der Region von der Steinzeit über die Römerzeit bis ins Mittelalter.

❾ [E4] **Augustinermuseum.** Das Augustinermuseum bietet zahlreiche Kunst- und Kulturexponate aus der Freiburger und der regionalen Geschichte.

0.18frg Abb.: bb

AUGUSTINERMUSEUM

⓯ [E4] **Museum für Neue Kunst.** Expressionismus, abstrakte Kunst und Werke von Julius Bissier, dem bedeutendsten modernen Freiburger Künstler.

❸ [E3] **Museum für Stadtgeschichte.** Das Museum macht den Besucher mit 900 Jahren Stadtgeschichte vertraut.

🏛**132** [E4] **Naturmuseum,** Gerberau 32, Tel. 2012566, www.freiburg.de/museen, geöffnet: Di.–So. 10–17 Uhr, Eintritt: 3 €/erm. 2 €. Seit Ende 2009 sind die Türen des Naturmuseums an alter Stelle wieder geöffnet. Für 2013 sind die letzten Umbauten und Ergänzungen geplant, aber das Konzept steht und ist kinderfreundlich. Es gibt bereits einen Abschnitt zur Erdgeschichte sowie zur Mineralogie der Freiburger Region. Mineralien, Edelsteine, Fossilien, Tier- und Pflanzenpräparate werden ausgestellt. Hinzu kommen wechselnde Sonderausstellungen. Da das Naturmuseum nur einen Steinwurf vom Augustinermuseum entfernt liegt, können Familien ihre gegebenenfalls unterschiedlichen Interessen gut unter einen Hut bringen.

Neben den städtischen Museen gibt es in Freiburg noch einige privat betriebene Sondermuseen, die sich mit verschiedenen Aspekten der Stadtgeschichte beschäftigen.

🏛**133** [D3] **Fasnetmuseum,** Turmstr. 12–14, Tel. 22611, www.breisgauer-narrenzunft.de, geöffnet: Sa. 10–14 Uhr, Eintritt: frei. Das Museum zeigt Kostüme, Masken und weitere Exponate zur Geschichte der Freiburger Fastnacht.

🏛**134** [E3] **Münsterbaumuseum,** Treffpunkt im Münsterladen, Herrenstr. 30,

◁ *Im Augustinermuseum ❾ befindet sich eine berühmte Sammlung an kirchlichen und weltlichen Schätzen sowie Kunstgegenständen*

Tel. 33432, www.muensterbauverein-freiburg.de, jeden ersten Samstag im Monat 14 Uhr, Eintritt: 6 €. Führungen durch die Münsterbauhütte, wo die Steinmetzen an der Instandhaltung des Münsters arbeiten.

🏛135 **Museumsbergwerk Schauinsland,** fünf Minuten von der Bergstation der Schauinslandbahn (ausgeschildert), Tel. 26468, www.schauinsland.de, geöffnet: Mai–Nov., mehrmals täglich Familienführungen (45 Min.) und mehrmals wöchentlich kleine und große Führungen (1,5 und 2,5 h), im Winter Führungen auf Anfrage. Eintritt: Familienführung 6 €, kleine/große Führung 12/16 €. Im bedeutendsten Besucherbergwerk Baden-Württembergs legt man bis zu 1800 Meter und 50 Höhenmeter zurück und erfährt, warum Freiburg sich das Münster leisten konnte. Geeignet für Erwachsene und Kinder ab 12 Jahren.

🏛136 [ch] **Stuckmuseum,** Liebigstr. 11, Tel. 500555, www.stuckmuseum.de, geöffnet: Mo.–Fr. 13–18 Uhr, Eintritt: kostenlos. Neben den verschiedenen Stuckarbeiten bietet das Museum v. a. Beratung und Aufklärung zum Thema Stuck – und das hochkompetent und kostenlos.

🏛137 [D3] **Uniseum,** Bertoldstr. 17, Tel. 2032825, www.uniseum.uni-freiburg.de, geöffnet: Do. 14–18, Fr. 14–20, Sa. 14–18 Uhr, Eintritt: kostenlos. Das Museum gibt Einblicke in Geschichte und Unileben über die Jahrhunderte. An den Öffnungstagen gibt es alle zwei Stunden (14 Uhr, 16 Uhr usw.) eine kostenlose Führung.

❯ **Zinnfigurenklause,** im Schwabentor ⑪, www.zinnfigurenklause-freiburg.de, Tel. 24321, geöffnet ab dem 3. Samstag im Mai bis 3. Oktober Di.–Fr. 14.30–17, Sa./ So. 12–14 Uhr. Eintritt: 1,20 €. Auf zwei Stockwerken kann man über 9000 Zinnfiguren in historischen Szenen betrachten.

Kunstgalerien

Einen Überblick über die Freiburger Kunstszene und laufende Ausstellungen kann man sich unter **www.kunst-in-freiburg.de** verschaffen.

🏛138 [F5] **Galerie Albert Baumgarten,** Kartäuserstr. 32, Tel. 35298, www.galerie-baumgarten.de, geöffnet: Di./ Fr. 15–19, Mi./Do. 10–12, 15–19, Sa. 11–15 Uhr. Seit bald 40 Jahren gibt es in der Galerie Baumgarten zeitgenössische Werke nationaler und internationaler Künstler zu sehen. Baumgarten ist seit den 1980er-Jahren eine feste Größe in der Freiburger Kunstszene und hat diese maßgeblich mitgeprägt.

🏛139 [D4] **Galerie Meier,** Gerberau 4, Tel. 23688, www.galerie-meier-freiburg.de, geöffnet: Mo.–Fr. 15–19, Sa. 11–15 Uhr. In der Galerie Meier werden u. a. bedeutende Künstler der Region ausgestellt und zudem Kunst aus der ersten Hälfte des 20. Jahrhunderts.

🏛140 [E5] **Kunstverein Freiburg,** Dreisamstr. 21, www.kunstvereinfreiburg.de, Tel. 34944, geöffnet: Di.–So.12–18, Mi.12–20 Uhr. Der städtische Kunstverein organisiert regelmäßig Ausstellungen und Veranstaltungen.

Kunst unter freiem Himmel

Nicht nur in den Museen und Galerien wird Kunst geboten, auch im **öffentlichen Raum** gibt es zahlreiche Kunstwerke zu sehen. Allein schon die vielen **mittelalterlichen Fassaden** und **Brunnen** machen Freiburg zu einer kunsthistorisch hochinteressanten Stadt. Kultstatus hat natürlich das **Holbeinpferd** ㉞. Weniger prominent, aber dafür in höherer Anzahl vorhanden sind die Pflastersteinmosaike aus dem 19. und 20. Jh (s. S. 84).

Eines der größten öffentlich zugänglichen Kunstwerke ist „Die Lie-

Freiburg für Kunst- und Museumsfreunde

gende" von **Henry Moore** auf dem Platz der alten Synagoge, deren Aufstellung im Jahr 1960 heftig umstritten war. Der „Freiburger Moore" zeigt eines der Lieblingsmotive des Bildhauers, das er in dieser und ähnlicher Form des Öfteren für meist öffentliche Auftraggeber von New York bis Bonn geschaffen hat. Im Zuge der Neugestaltung des Rotteckrings soll die Liegende umgesetzt werden.

In unmittelbarer Nähe steht ein **Straßenschild**, das die 1027 km nach Gurs ausweist. Der Wegweiser erinnert daran, dass viele Freiburger Juden in das KZ in den Pyrenäen verschleppt wurden.

Noch größer als das Werk von Henry Moore sind die beiden **Riesen** des Münstertäler **Künstlers Franz Gutmann** unter der Stadtbahnbrücke auf Höhe der Wannerstraße [B3] im Stadtteil Stühlinger. Die beiden liegenden Gestalten, von denen nur Hände, Füße und Köpfe aus dem Pflaster herausragen, messen knapp 30 m. In das Kunstwerk integriert ist ein Bächle, das dem einen Riesen aus dem Mund heraus und dem anderen in den Mund hineinläuft. Leider ist die Stelle unter der Brücke nicht der feinste Ort in Freiburg und so liegen hier oft Scherben, das Bächle ist voller Müll und die Köpfe sind voller Graffiti.

Ebenfalls im Stadtteil Stühlinger, genauer im Eschholzpark, kann man das ebenfalls in *extralarge* gehaltene Kunstwerk „Gartenschlauch mit Wasserhahn" bestaunen. Der Hahn ist ca. 8 m hoch, der gewundene Schlauch ca. 130 m lang.

Der Campus der Technischen Fakultät im Freiburger Westen (Georges-Köhler-Allee 101) ist Heimat einer weiteren interessanten Skulptur. Die fast schon lebendig anmutenden

---

LITERATURTIPP

Kunst im öffentlichen Raum

Wer mehr über Kunst im öffentlichen Raum in Freiburg erfahren möchte, dem seien zwei Bücher ans Herz gelegt. „Skulptour in Freiburg" von Nicoletta Torcelli (modo Verlag, 2010) zeigt anhand von sechs Routen viele der wichtigen Skulpturen auf. Wer tiefer einsteigen möchte, dem seien die Bildbände „Skulptur in Freiburg" von Michael Klant (Teil 1–3, modo Verlag) empfohlen.

Flugobjekte des Kunstwerks „**Jump and Twist**" von Dennis Oppenheim integrieren die Glasfassade der Fakultät, indem eines der Objekte „hindurchspringt".

Eine Mischung zwischen Kunstwerk und Lehrpfad ist der **Freiburger Planetenweg**. Hier kann man das gesamte Sonnensystem als Modell abschreiten. Die Größe der Planeten und auch die Abstände dazwischen orientieren sich am Maßstab der Sonne, deren Modell am Ausgangspunkt in Ebnet genau einen Meter Durchmesser hat. Die Erde ist demnach mit 9,9 mm ungefähr murmelgroß. Der Spaziergang endet nach knapp 3 km am Neptun (Infos unter www.freiburger-planetenweg.de).

▷ *St. Ottilien ist eine der ältesten Wallfahrtsstätten Deutschlands*

Freiburg zum Träumen und Entspannen

Freiburg gilt als eine **Hochburg der Esoterikszene.** Ob Meditationsseminare, Reikikurse oder Reflexologybehandlungen – hier finden Freunde der spirituellen Erfahrung und ganzheitlichen Gesundheitsvorsorge garantiert das richtige Angebot. Und das nicht selten in wunderbarem Ambiente.

Wer konventionelle Erholung sucht, wird zu schätzen wissen, dass Freiburg das **Tor zum Schwarzwald** ist, einem der größten und schönsten Naherholungsgebiete Deutschlands. Mit der Höllentalbahn ist man in kurzer Zeit am Titisee am Fuße des Feldbergs. Auch das Glottertal, Drehort der „Schwarzwaldklinik", ist nicht weit. Wer nicht die Zeit für einen Tagesausflug hat, findet auch innerhalb der Stadt verschiedene Oasen der Entspannung.

EXTRATIPP

St. Ottilien und Waldsee

Der **Stadtteil Waldsee** im Osten der Stadt kann mit zwei beliebten Ausflugszielen bzw. Freizeitstätten locken. Viele Freiburger unternehmen mehrmals im Jahr den klassischen Waldspaziergang vom Schlossberg nach **St. Ottilien** zu **einer der ältesten Wallfahrtsstätten Deutschlands.** Sie ist über einer Quelle erbaut, die eine heilende Wirkung für Blinde haben soll. Die modernen Wallfahrer zieht es heutzutage aber mehr ins benachbarte **Waldrestaurant St. Ottilien** (s. S. 32) mit seiner Gartenterrasse, das sich nicht nur am Wochenende hoher Beliebtheit erfreut (für Autofahrer Waldparkplatz). Der Rückweg in die Stadt führt am Dreisamufer entlang durch die Oberau bis zum Schwabentor ⓫ oder zur Stadtbahnlinie 1 in der Hansjakobstraße.

Der zweite Anziehungspunkt ist der **Waldsee** mit Bootsverleih und gleichnamigem Café/Klub (s. S. 37) im Süden des Stadtteils. Schon seit Generationen trifft sich hier vorwiegend junges Publikum zu den legendären Jazzkonzerten.

O20fg Abb.: wb

Freiburg zum Träumen und Entspannen

EXTRATIPP

Morgenmuffel und Zeitungsfreunde

In praktisch jedem Freiburger Café kann man sich morgens mit **einer Tasse Milchkaffee** und einer **Zeitung** in Ruhe in eine Ecke verkrümeln, aus der man so schnell nicht wieder herauskommen muss. Die Kellner sind in der Regel unaufdringlich. Wer keine Zeitung mitgebracht hat oder Wert auf SZ, FAZ, taz etc. legt, ist im **Café Capri** (s. S. 32) am im **Quadrille** (s. S. 34) im Stadttheater gut aufgehoben. Hier gibt es täglich eine gute Auswahl an deutscher und internationaler Presse.

Die schönsten Momente der Ruhe findet man in Freiburg aber **frühmorgens**. Wer es am Wochenende um sieben aus dem Bett schafft, kann die ganz spezielle Stimmung der menschenleeren Straßen mitnehmen. Der leere oder nur von den ersten Händlern bevölkerte Münsterplatz ❷ im Morgengrauen versetzt einen ein bisschen in eine Zeit zurück, in der die Welt noch nicht so schnelllebig war wie heute.

❯ Nur wenige Schritte nördlich der Altstadt befindet sich der **Stadtgarten** ❸❽ , im Sommer eine beliebte Liegewiese der Freiburger Studenten. Wer genug vom Sonnenbaden hat, kann hier auch eine Runde Minigolf spielen.

❯ Ebenfalls hoch im Kurs bei den Sonnenanbetern ist der **botanische Garten in Herdern** (s. S. 111). Hier kann man seine Decke zwischen exotischen Pflanzen auf der Wiese ausbreiten.

❯ Der **Stadtwald** (s. S. 107) bietet unendliche Spazier- und Wandermöglichkeiten. Die Klassiker sind dabei sicherlich die Routen nach St. Valentin und St. Ottilien. Von St. Ottilien kann man hinunter zur Dreisam steigen und an deren Ufer zurück in die Stadt laufen.

❯ Wer das Wanderniveau noch ein bisschen anheben will, kann auch mit der Seilbahn auf den **Schauinsland** ❸❼ fahren und sich dort dann auf einen der zahlreichen Wanderwege begeben. Empfehlenswert ist auch ein Besuch am Abend, wenn die Sonne in den Vogesen versinkt.

●**141 Eugen Keidel Bad,** An den Heilquellen 4, Stadtbahnlinie 3 bis Endhaltestelle „Munzinger Straße", danach mit dem Bus-Shuttle der Linie 35E zum Keidel Bad, Tel. 490590, www.keidel-bad. de, geöffnet: tägl. 9 – 22 Uhr, Eintritt: Bad 13,50 €, Bad und Sauna 19,50 €. Freiburg verfügt mit dem Keidel Bad über eine amtliche Thermalquelle und könnte sich vielleicht sogar Bad Freiburg nennen. In diesem Erholungs- und Wellnessbad kann man garantiert ausspannen – und das mit Blick durch die Panoramascheibe auf den Schauinsland.

●**142 Naturerlebnispark Mundenhof,** Mundenhof 37, Tel. 2016580, www.freiburg. de/mundenhof, ganzjährig geöffnet und jederzeit zugänglich, Eintritt frei. Der Tier-Natur-Erlebnispark Mundenhof ist nicht nur für Kinder eine tolle Sache. Das größte Tiergehege Baden-Württembergs mit riesigen Gehegen und langen Wegen lädt zum stundenlangen Spazierengehen ein und begeistert Groß und Klein.

●**143** [cl] **Waldhaus,** Wonnhaldestr. 6, Tel. 89647710, www.waldhaus-freiburg. de, geöffnet: Mi.–Fr. 10–17, So. 14–17 Uhr. Mit der Straßenbahnlinie 2 bis Haltestelle Wonnhalde, danach den Wegweisern folgen. Im Waldhaus kann man nicht nur viel über Natur und Umwelt lernen (Programm ansehen!), hier ist auch der Start des Skulpturenpfads, auf dem tolle und skurrile Fantasiefiguren zu sehen sind, die teils geschnitzt, teils aus alten Bäumen zusammengezimmert sind.

Am Puls der Stadt

002jg Abb.: wb

Das Antlitz der Stadt

Kaum eine Stadt in Deutschland liegt in einer so reizvollen Landschaft wie Freiburg. Östlich der Stadt beginnt der Hochschwarzwald mit seinen malerischen Seen, Wiesen und Wäldern. Im Westen grenzt Freiburg an Kaiserstuhl und Tuniberg, die beide mit zu Deutschlands besten Weinanbaugebieten zählen. Dahinter, auf der französischen Seite des Rheintals, erheben sich am Horizont die Vogesen.

Mitten durch die Stadt verläuft der **Oberrheingraben**, die **geologische Grenze zwischen Rheintal und Schwarzwald**. Letzterer ist im Stadtbild omnipräsent, kein Wunder, reicht er doch vielerorts bis in die Innenstadt. Der **Schlossberg**, nur fünf Minuten vom Freiburger Münster entfernt, gehört bereits zum Schwarzwald. Und einer der höchsten Schwarzwaldgipfel, der **Schauinsland**, befindet sich im Stadtgebiet, weshalb Freiburg auch den Titel der **höchstgelegenen Großstadt Deutschlands** für sich beansprucht.

Mit dem vorherrschenden warmen Klima macht die „**Perle des Breisgau**" ihrem Namen alle Ehre. Nicht umsonst sind die Bürger stolz darauf, in der „nördlichsten Stadt Italiens" zu leben. Allerdings muss man differenzieren – in der Ebene kann es im Sommer sehr heiß werden, in den höheren Lagen bleibt es dagegen deutlich kühler. Es sei denn, es herrscht Inversionswetter – dann können die Temperaturen auf dem sonnenbeschienenen Schauinsland 20 Grad über denen in der Stadt liegen, die dann in Nebel eingehüllt ist.

Auch **Niederschläge** gibt es – und für die sonnenreichste Stadt Deutschlands nicht gerade wenig. Am häufigsten in den warmen Monaten und begünstigt durch die Hänge des Schwarzwalds, an denen sich die Wolken gerne zum Abregnen sammeln. Eine klimatische Besonderheit ist der sogenannte „Höllentäler", ein vor allem im Sommer ca. eine Stunde nach Sonnenuntergang auftretender Wind, der sich durchaus zu starken Böen entwickeln kann. An heißen Abenden bringt er eine erfreuliche Abkühlung in die Stadt, bei späten Biergartenbesuchen kann jedoch die Mitnahme eines Pullovers sinnvoll sein.

Freiburg, das Tor zum Südschwarzwald, wurde im 11. Jahrhundert an der **Kreuzung zweier wichtiger Handelsstraßen** gegründet. Die historische Salzstraße aus dem Schwarzwald nach Breisach und ins Elsass schnitt hier die Nord-Süd-Route von Italien in den Nordschwarzwald. Bis heute hat Freiburg **seinen mittelalterlichen Grundriss** behalten, der durch dieses Achsenkreuz definiert wird. Die Kaiser-Joseph-Straße sowie die

Die Stadt in Zahlen
- ❯ **Gegründet:** 1120
- ❯ **Einwohner:** 230.000
- ❯ **Bevölkerungsdichte:**
  1465 Einwohner pro km^2
- ❯ **Fläche:** 153 km^2
- ❯ **Höhe ü. M.:** 278 m
- ❯ **Stadtbezirke:** 28

▷ *Das Freiburger Münster* ❶
sieht man selten ohne Gerüst

◁ *Vorseite: Der heilige Georg am Fischbrunnen auf der Nordseite des Münsterplatzes* ❷

Bertold-/Salzstraße verlaufen genau wie vor 900 Jahren.

Zwei einschneidende Ereignisse prägen bis heute das Stadtbild. Während der Besatzung durch die Franzosen 1677 erfuhr die Stadt das erste Mal eine massive Veränderung. Der Baumeister **Sébastien de Vauban** ließ Freiburg zu einer gigantischen Festung ausbauen. Mit Ausnahme der südlich gelegenen Schneckenvorstadt mussten alle Vorstädte außerhalb der alten Stadtmauer den riesigen **Verteidigungsanlagen** weichen. Nur wenige Jahrzehnte und einige Herrschaftswechsel später sprengten die Franzosen die Befestigungsanlage wieder, als die Stadt zurück an Österreich fiel. Bis ins 20. Jahrhundert mussten die verbliebenen Ruinen und Schutthügel immer wieder in bauliche Maßnahmen einbezogen oder aus dem Weg geräumt werden.

Der zweite Schlag für die mittelalterliche Altstadt kam am Abend des **27. November 1944**. Durch einen **Luftangriff der Engländer** wurde die Innenstadt mit Ausnahme des Münsters, Teilen der Außenbezirke sowie dem Universitätsklinikum fast komplett zerstört. Fast 2800 Menschen fielen dem nur 23 Minuten währenden Angriff zum Opfer, tagelang hielten sich Schwelbrände in der Stadt. Fast 20 % der Häuser wurden komplett zerstört, darunter 130 Gebäude mit Denkmalrang. Beim Wiederaufbau wurde bewusst versucht, das alte Stadtbild zu berücksichtigen. Andererseits forderte die Wohnungsnot einen schnellen Wiederaufbau, sodass sich an vielen Stellen Gebäude im Stile der 1950er-Jahre zwischen rekonstruierte oder erhaltene Bauwerke geschoben haben.

Viele Jahrhunderte veränderte sich die **Ausdehnung der Stadt** nur unwesentlich, die Altstadt nördlich der Dreisam und ihre kleinen Vorstädte blieben flächenmäßig immer in etwa gleich groß. Erst mit der **Industrialisierung** und dem **Anschluss an die Eisenbahn** im 19. Jahrhundert begann Freiburg zu expandieren. 1825 wurde die südlich der Altstadt gelegene Ort-

Die Freiburger Bächle

Neben dem Münster, dem Martins- und dem Schwabentor sind die Freiburger Bächle mit Sicherheit das bekannteste **Wahrzeichen** der Stadt. Ihr Ursprung wird auf die 1170er-Jahre datiert. Die kleinen **Wasserläufe durchziehen die gesamte Altstadt.**

Ihr Wasser erhalten sie aus dem **Bächlekanal**, der seinerseits bei der Kartäuserstraße vom **Gewerbekanal** abzweigt. Der Gewerbekanal bringt frisches Wasser von der Dreisam in die südliche Altstadt und versorgte früher Handwerker, Gewerbebetriebe, Sägewerke und Mühlen. Der zunächst durch einen Tunnel verlaufende Bächlekanal tritt am Schwabentor ❶ zu Tage und beliefert von hier aus die Bächle mit Dreisamwasser. Am Oberlindenbrunnen beginnt dann die Bächlevernetzung. Eine **Hauptader** fließt in die Herren-, eine zweite (bis zur Augustinergasse überpflastert) in die Salzstraße. Beide speisen die nach Norden und Westen durch die Gassen und Straßen der Altstadt geführten Rinnsale. Im Bereich der Platzes Oberlinden ❼ sind die Bächle noch relativ breit und tief. Im weiteren Verlauf des weitverzweigten, über 15 km langen Netzes werden sie aber immer schmaler und flacher.

Freiburg entwickelte schon im Mittelalter ein vorbildliches **Wasserver- und -entsorgungssystem.** Das Abwasser wurde hinter den Häusern in sogenannten **Sickergruben** entsorgt, von wo es ins Erdreich gelangte. Vor den Häusern flossen, meist in der Gassen- und Straßenmitte, die Bächle und brachten den Bewohnern **frisches Brauchwasser** für den Haushalt, das kleinere Gewerbe, die Versorgung der Tiere, die Straßenreinigung und nicht zuletzt zum Feuerlöschen. Das **Trinkwasser** lieferten Dutzende von **öffentlichen Brunnen,** die mit frischem Quellwasser aus dem Bereich Mösle/ Waldsee im Südosten der Stadt mittels hölzerner Wasserleitungen, auch über die Schwabentorbrücke hinweg, gefüllt wurden.

Noch heute gibt es in Freiburg den Beruf des **Bächleputzers.** Täglich säubern zwei städtische Angestellte die Bächle von Abfall, Laub und anderem Unrat. Regelmäßig wird das Bächlesystem im Oktober generalüberholt, dann wird den kleinen Kanälen für mehrere Wochen das Wasser abgedreht.

Beim Fotografieren oder beim Überqueren der Straße sollte man immer aufpassen, wohin man tritt, denn nur zu schnell landet man mit einem Bein in einem Bächle. Neben verstauchten Knöcheln und nassem Schuhwerk kann ein derartiger Fehltritt noch weiterreichende Konsequenzen haben. Dem Volksmund nach **heiratet** nämlich jede/jeder Fremde, die/der unfreiwillig ins Bächle tritt, irgendwann **einen Freiburger oder eine Freiburgerin.** Statistisch belegt ist das allerdings nicht. Der heiratsfreudige Altkanzler Gerhard Schröder, der bei einem deutsch-französischen Gipfel im Sommer 2001 in Freiburg ins Nasse trat, hat die Legende jedenfalls nicht bestätigt, ebensowenig Maike Richter, die zweite Ehefrau von Helmut Kohl, die bislang ihrem Pfälzer treu geblieben ist. Allerdings fuhr sie 2011 auch „nur" mit dem Wagen in ein Bächle. Das Auto wurde vom Abschleppdienst geborgen.

schaft **Wiehre** eingemeindet, in der zweiten Hälfte des 19. Jh. entstand westlich des Bahnhofs der **Stühlinger**, damals Freiburgs Arbeiterviertel. Die nördlichen Stadtteile **Herdern** und **Neuburg** gehen wie die Wiehre auf mittelalterliche Siedlungen zurück und erfuhren in der Gründerzeit einen Bauboom. Nach dem Zweiten Weltkrieg stockte die Expansion und erst in den 1960er-Jahren begann Freiburg, sich wieder auszudehnen. Die **Gebietsreform** in den 1970er-Jahren machte Freiburg im Wesentlichen zu der Stadt von heute mit 28 Stadtteilen, die sich von den Schwarzwaldhängen bis zum Tuniberg und fast zur französischen Grenze erstreckt.

Von den Anfängen bis zur Gegenwart

Freiburg blickt auf eine lange und wechselhafte Geschichte zurück. Über Jahrhunderte lag die Stadt im Einflussbereich verschiedener europäischer Mächte. Zudem kreuzten sich hier wichtige Handelsstraßen, was Freiburg schon früh zu einem strategisch bedeutsamen Posten machte. Etliche Male wechselte die begehrte Stadt ihren Besitzer. Die rund 900-jährige Geschichte lässt sich in fünf Abschnitte einteilen.

Die Herzöge von Zähringen und die Grafen von Urach

1120: Der Bruder des im Breisgau regierenden Herzogs Bertold III., Konrad von Zähringen, siegelt die Marktgründungsurkunde für die zu seinem „Eigengut" gehörende Ansiedlung Freiburg. Die Zähringer arbeiten in dieser Zeit wie die verwandten Staufer und andere konkur-

rierende Herrschergeschlechter intensiv an der Erweiterung ihrer Hausmacht und gründen rechtsrheinisch neben Freiburg Städte wie Offenburg und Villingen und linksrheinisch (in der Schweiz) Freiburg im Uechtland und Bern.

1146: Der Zisterzienserabt Bernhard von Clairvaux wirbt in der Vorgängerkirche des Freiburger Münsters für den Zweiten Kreuzzug, viele Freiburger ziehen daraufhin ins Heilige Land.

Um 1200: Auf Initiative des letzten Zähringer Herzogs, Bertold V., beginnt der Bau des Münsters mit dem spätromanischen Querhaus.

1201/1202: Bau des Martinstors

1218: Die Zähringer sterben in der Hauptlinie aus. Freiburg fällt in der Erbfolge an den Neffen des letzten Zähringers. Graf Egino von Urach nennt sich „Graf von Freiburg".

1238: Erstmals sind die Anfänge des Freiburger Bächlesystems dokumentiert.

1265: Bau des Schwabentors

1348/49: Eine verheerende Pestepidemie im Winter wird den Juden angelastet. Sie werden beschuldigt, Brunnen vergiftet zu haben und werden mit wenigen Ausnahmen hingerichtet.

Das Haus Habsburg

1368: Nach jahrzehntelangen, zum Teil kriegerischen Auseinandersetzungen zwischen Bürgern und Stadtherrn kauft sich Freiburg von den „Urachern" frei und unterstellt sich dem Hause Habsburg.

Um 1370: Der Silberbergbau am Schauinsland und im Münstertal, der im 13. Jh. die Stadt zu Wohlstand gebracht hatte, verliert im 14. Jh. zunehmend an Bedeutung. Der Bau des Münsters wird als Folge des wirtschaftlichen Niedergangs der Stadt eingestellt.

1386: Der Anschluss an das Haus Habsburg bekommt dem Freiburger Adel schlecht: Er zieht mit Herzog Leopold III.

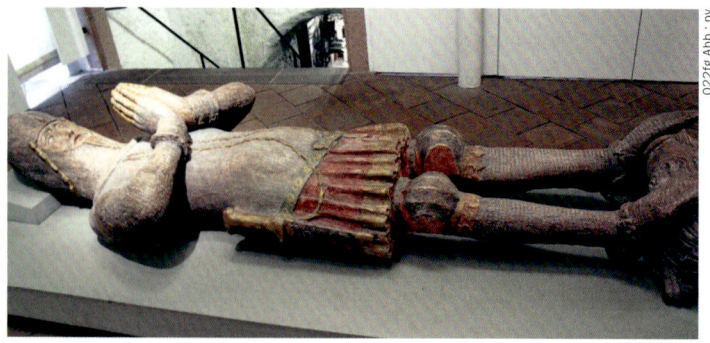

022fg Abb.: pv

von Österreich in die Schlacht bei Sempach gegen die Eidgenossen und wird dort stark dezimiert. Die Zünfte werden zur bestimmenden politischen Macht.

1424: „Ewige" Vertreibung aller Juden aus der Stadt, die bis 1809 keine Juden mehr aufnimmt.

1457: Mit kirchlicher Unterstützung stiftet Herzog Albrecht VI. von Österreich die Universität Freiburg.

1471: Die Bauarbeiten am Chor des Münsters werden nach fast 100 Jahren wieder aufgenommen.

1497/98: König Maximilian I., der spätere Kaiser des Heiligen Römischen Reichs, beruft den Reichstag nach Freiburg ein.

1513: Vollendung des Münsterbaus

1529: Prominente Reformationsflüchtlinge aus dem benachbarten Basel wie der Humanist Erasmus von Rotterdam und das Basler Domkapitel flüchten nach Freiburg, das aus Loyalität mit Habsburg katholisch bleibt. Das vom Domkapitel erworbene Anwesen trägt bis heute den Namen „Basler Hof".

1532: Das alte Kaufhaus auf dem Münsterplatz wird fertiggestellt.

1546: Erste urkundliche Erwähnung des Namens einer hingerichteten „Hexe". Der Hexenverfolgung fallen in den folgenden Jahrzehnten bis zum letzten Hexenprozess im Jahr 1631 im Wesentlichen Frauen zum Opfer.

1618–1648: Im Dreißigjährigen Krieg wird die Stadt fünfmal belagert. 1632 fassen vorübergehend die Schweden in Freiburg Fuß.

1651: Durch den Westfälischen Frieden (1648) wird der Rhein zur Grenze zwischen Frankreich und dem Reich. Der Regierungssitz Vorderösterreichs in Ensisheim/Elsass wird aufgegeben und in Freiburg neu gegründet – wie sich bald zeigen soll auf machtpolitisch keineswegs sicherem Terrain.

1677–1697: In dieser Zeit gehört Freiburg zu Frankreich, nachdem, ausgelöst durch den Holländischen Krieg, Truppen von Ludwig XIV. die Stadt erobert haben. Der französische Festungsbaumeister Vauban macht aus Freiburg eine Festungsstadt. Durch den Frieden von Rijswijk wird Freiburg an Österreich zurückgegeben.

1713: Im Verlauf des Spanischen Erbfolgekrieges wird Freiburg erneut von französischen Truppen besetzt, die 1715 wieder abziehen.

1744/45: Im Verlauf des Bayrisch-Pfälzischen Erbfolgekrieges besetzen französische Truppen Freiburg zum dritten Mal, diesmal für rund sieben Monate. Frankreich nutzt die Besatzungszeit, um die gesamte, vor nicht einmal 70 Jahren gebaute Festungsanlage zu sprengen. Am Ende dieser rund 120 Jahre dauernden Periode kriegerischer Auseinandersetzungen hat das verarmte Freiburg gerade noch 3000 Einwohner.

1770: Auf ihrer Brautfahrt besucht die Kaisertochter Maria Antonia Freiburg. Sie geht später als Marie Antoinette, Königin von Frankreich, in die Geschichte ein.

1784: Mit Jahresbeginn erscheint die „Freiburger Zeitung" und versorgt die Bürger regelmäßig mit Nachrichten.

1789: Als Folge der Französischen Revolution suchen zahlreiche Emigranten aus Frankreich Zuflucht in Freiburg und in der Region.

Das Großherzogtum Baden

1805: Napoleon spricht Freiburg dem Markgrafen von Baden zu, der 1803 den Titel „Kurfürst" angenommen hat. Der Markgraf bemüht sich, den traditionell katholischen, dem Hause Habsburg verbundenen Freiburgern den Wechsel zu einer protestantischen Landesherrschaft dadurch erträglicher zu machen, dass sich unter Berufung auf seine Abstammung zusätzlich „Herzog von Zähringen" nennt.

1807: In der Stadtmitte wird der Bertoldsbrunnen eingeweiht.

1809: Erstmals seit 1424 dürfen Juden wieder in Freiburg Handel und Gewerbe treiben.

1810: Der von Napoleon 1804 in Kraft gesetzte Code civil wird als Badisches Landrecht für Freiburg gültiges Zivilrecht.

◁ *Bertold V., der letzte Zähringer, ist im Museum für Stadtgeschichte* ❸ *zu betrachten*

▷ *Das mittelalterliche Schwabentor* ⓫ *ist eines der Wahrzeichen der Stadt*

1815: Der Wiener Kongress enttäuscht die Freiburger. Statt zu Österreich zurückzukehren, bleibt Freiburg endgültig badisch.

1818/1820: Die Existenz der Universität ist vorübergehend gefährdet, weil das Großherzogtum Baden mit Heidelberg bereits eine Universität aufzuweisen hat. Großherzog Ludwig von Baden erteilt jedoch die offizielle Bestandsgarantie und sagt finanzielle Unterstützung zu. Zum Dank nimmt die Universität den Namen ihres großherzoglichen Förderers an und nennt sich jetzt Albert-Ludwigs-Universität (Alberto-Ludoviciana).

1821: Freiburg wird zum Sitz des Erzbischofs der Oberrheinischen Kirchenprovinz bestimmt und die Aufhebung des Bistums Konstanz verfügt.

1827: Der erste Freiburger Erzbischof, Bernhard Boll, wird ernannt.

1828/29: In der Zähringer Vorstadt wird mit dem Bau der ersten evangelischen Kirche in Freiburg begonnen.

023fg Abb.: bb

1845: Freiburg erhält am heutigen Standort einen Hauptbahnhof, der damals allerdings noch deutlich außerhalb der städtischen Bebauung liegt. Die Eisenbahnlinie Freiburg-Offenburg wird eröffnet.

1848: Die Badische Revolution führt in Freiburg zu blutigen Barrikaden- und Straßenkämpfen und wird von preußischen Bundestruppen niedergeschlagen.

1866: Das Theater, dessen Programm bis dahin Gastspieltruppen bestritten, erhält ein festes Ensemble (Städtische Bühnen).

1887: Ein ständiges städtisches Orchester wird eingerichtet. Eröffnung der Höllentalbahn von Freiburg nach Neustadt.

1896: Ein Jahrhunderthochwasser reißt die Schwabentorbrücke mit sich.

1900: Die Universität immatrikuliert als erste deutsche Hochschule (fünf) Studentinnen.

1901: Der Um- und Ausbau des bis dahin von der Universität genutzten Alten Kollegiengebäudes zum Neuen Rathaus wird abgeschlossen. Die Pferdetrambahn hat ausgedient und wird durch die elektrische Straßenbahn ersetzt.

EXTRATIPP

Stolpersteine

Vor vielen Häusern in Freiburg gibt es einzelne **goldene Pflastersteine**, die „Stolpersteine". Sie weisen auf die **Wohnorte der Freiburger Juden** hin, die 1940 in das KZ Gurs in Frankreich deportiert wurden. Die vom Kölner Künstler Gunter Demnig konzipierte Kunstaktion wurde 2002 gestartet, inzwischen sind mehrere hundert Stolpersteine verlegt. In dem eindrucksvollen Buch **„Den Opfern ihre Namen zurückgeben"** (Rombach-Verlag) schildert die Freiburger Autorin Marlis Meckel die Lebenswege der Opfer des Naziterrors.

1907: Der FC Freiburg (nicht der SC) wird Deutscher Fußballmeister.

1910: Das neue Freiburger Stadttheater wird in Anwesenheit des großherzoglichen Paares eröffnet.

1914: Sechs Tage nach der Mobilmachung sind in Freiburg über 3000 Kriegsfreiwillige registriert.

Weimarer Republik und Nationalsozialismus

1918: Baden wird Republik.

1920: Der Freiburger Rechtsanwalt und Stadtrat Constantin Fehrenbach (Deutsche Zentrumspartei) wird Reichskanzler und beruft den Freiburger Professor Joseph Wirth als Finanzminister in sein Kabinett, der seinerseits 1922 zum Reichskanzler gewählt wird.

1926: Eröffnung der Fluglinie Freiburg – Stuttgart. Der Freiburger Radiosender geht auf Sendung.

1930: Eröffnung des Betriebs der Schauinsland-Personenseilschwebebahn

1938: In der Reichspogromnacht brennt die Synagoge.

1939: Beim Ausbruch des Zweiten Weltkriegs werden die Glasfenster des Freiburger Münsters ausgebaut und zusammen mit anderen Kunstwerken des Münsters in Sicherheit gebracht.

1944: Durch einen Großangriff der Royal Air Force werden am 27. November die Altstadt und nach Norden und Westen angrenzende Gebiete zerstört. Wie durch ein Wunder bleibt das Münster stehen. Etwa 2800 Todesopfer und mehr als 9000 Verletzte sind zu beklagen.

1945: Am 21. April wird Freiburg von französischen Panzertruppen besetzt. Im August öffnet die Volksbibliothek wieder. Im September erscheint die erste Tageszeitung und der Theaterbetrieb beginnt an Ersatzspielorten. Zum Wintersemester nimmt die Universität den Lehrbetrieb in zwei Fakultäten wieder auf.

Freiburg ab 1945

1946/1947: Freiburg wird Hauptstadt des von der französischen Besatzungsmacht gebildeten Landes Baden, das freilich nur einen Teil des ehemaligen Landes Baden umfasst (Karlsruhe liegt außerhalb im Land Württemberg-Baden). Der Staatspräsident des Landes hat seinen Amtssitz im Colombischlössle.

1952: Mit der Entstehung des Landes Baden-Württemberg endet die Zeit als Landeshauptstadt für Freiburg. Freiburg erhält ein Regierungspräsidium.

1962: Die Pädagogische Hochschule Freiburg wird gegründet.

1964: Erstmals kommt die Tour de France nach Freiburg.

1971: Im Zuge der Kreisreform wird der Kreis Hochschwarzwald in den Kreis Freiburg eingegliedert.

1972: Der Freiburger Gemeinderat protestiert einstimmig gegen den Bau eines Kernkraftwerks am Kaiserstuhl (KKW Wyhl).

1973: Die Innenstadt wird zur Fußgängerzone.

1984: Nach Basler Vorbild führt Freiburg als erste deutsche Stadt die „Umwelt-karte" mit verbilligtem Tarif in den öffentlichen städtischen Verkehrsmitteln ein.

1988: Die Bundesregierung erkennt das Münster als „Kulturdenkmal von besonderer nationaler Bedeutung" an.

1992: 47 Jahre nach dem Einmarsch der französischen Truppen bei Kriegsende verlässt die letzte Einheit der französischen Garnison die Stadt. Die „Deutsche Umwelthilfe" verleiht Freiburg den Titel „Bundeshauptstadt für Natur- und Umweltschutz".

1996: Das Konzerthaus Freiburg wird eröffnet, bis 2016 wird hier die Heimat des SWR Sinfonieorchesters sein.

2002: Freiburg wählt als erste deutsche Großstadt den Kandidaten der Grünen zum Oberbürgermeister.

2008: Freiburg wirbt als „Green City" mit seinem Umweltbewusstsein.

2011: Letzte Station des Staatsbesuchs von Papst Benedikt XVI. in Deutschland ist Freiburg. Rund 100.000 Menschen nehmen am Gottesdienst unter freiem Himmel teil.

☐ *Freiburg im Mittelalter – Modell im Museum für Stadtgeschichte* ❸

056fg Abb.: bb

Der SC Freiburg

Fußball hat Tradition in Freiburg. Bereits im Jahr 1907 wurde der **Freiburger FC** *(nicht SC) Deutscher Meister. Im Jahr 1912 entstand aus der Fusion zweier Vereine der* **SC Freiburg** *mit dem Greifenkopf im Wappen und dem schwarz-weißen Dress. Der Verein stand freilich jahrzehntelang im Schatten des größeren Bruders. Der „Quantensprung" in den bezahlten Fußball gelang in der* **Saison 1977/78,** *die Nummer eins im Freiburger Fußball ist der SC seit der* **Saison 1979/80.**

In die **1. Bundesliga** *stieg der Club erstmals 1993 auf. Seitdem geht es zwischen 1. und 2. Liga auf und ab, allerdings mit deutlich mehr Spielzeiten in der höchsten Spielklasse. Seine* **Erstligatauglichkeit** *gewann und bestätigte der Sportclub mit* **Volker Finke** *als Trainer, der als beurlaubter Studienrat 1991 nach Freiburg kam und hier in seinen 16(!) Trainerjahren zeitweise Kultstatus hatte. Durch Kurzpass- und Überzahlspiel verschaffte sich der Freiburger Fußball Respekt und Ansehen, obwohl der Verein gemessen an seinen finanziellen Möglichkeiten stets eines der* **Schlusslichter im Oberhaus** *war und bis heute ist.*

Wie durch ein Fußballwunder blieb dem Sportclub in der Saison 2011/2012 der Abstieg in die Zweitklassigkeit erspart, obwohl er vor Beginn der Rückrunde abgeschlagen am Tabellenende stand. Das Wunder hat einen Namen: **Christian Streich.** *Ab der Winterpause Cheftrainer der Bundesligamannschaft, wurde das südbadische Urgestein innerhalb von fünf Monaten vom unbekannten Jugendcoach zum deutschlandweit beachteten Bundesligatrainer. Seit der Saison*

2011/2012 gehört der Sportclub Freiburg erneut zu den wenigen Vereinen, die sowohl bei den **Männern** *als auch bei den* **Frauen** *in der obersten deutschen Fußballliga spielen.*

Das **Stadion des SC** *liegt im schönen Dreisamtal und trug deshalb viele Jahre den Namen Dreisamstadion. Als wie überall in Deutschland mit dem Stadionnamen ein Geschäft zu machen war, wurde es Badenova-Stadion getauft, mitten in der Saison 2011/12 kam dann der Wechsel zum dritten Namen* **Mage-Solar-Stadion.** *Die Firma aus dem Oberschwäbischen passt als Hersteller von Solarkomponenten durchaus zu dem Freiburger Bundesligaklub, der bereits seit über 15 Jahren seinen Energiebedarf einschließlich der Spielfeldbeheizung mittels Sonnenkraft abdeckt. Aber identifizieren kann sich der Fan immer*

weniger damit. *Erinnerte der zweite Name immerhin noch an das Land Baden, dessen Hymne nach erfolgreichen Heimspielen leidenschaftlich gesungen wird, so ist jetzt auch damit Schluss. Davon abgesehen ist das Stadion bereits mit* **24.000 Zuschauern** *ausverkauft und lässt in seiner Besucherfreundlichkeit erheblich zu wünschen übrig. Daher ist der Ruf nach einem neuen oder einem vergrößerten Stadion immer häufiger zu hören.*

Ein Glanzpunkt des Vereins ist seine deutschlandweit **beispielhafte Jugendarbeit** *in der* **Freiburger Fußballschule,** *für die er schon mehrfach, auch vom DFB, ausgezeichnet wurde. Am Beginn der Arbeit mit den Kindern und Jugendlichen stehen die* **Füchsle-Camps** *für Jungen und Mädchen zur Sichtung der fußballerischen Begabungen. Bester Nachweis für das Er-*

folgsmodell sind die Junioren-Erfolge der A-Jugend, die in den letzten Jahren einmal Deutscher Meister und dreimal Deutscher Pokalsieger geworden ist.

Der Verein lässt sich die Jugendarbeit etwas kosten. Seit 2001 besteht ein **Nachwuchsleistungszentrum mit Internat.** *Die Erfolgsstory der Freiburger Jugendarbeit trägt ebenfalls die Handschrift von Christian Streich, der lange Jahre als Leiter der Freiburger Fußballschule und Trainer der A-Jugend fungierte. Nicht zuletzt der Integration von bis zu einem halben Dutzend Spielern aus dem eigenen Nachwuchs in die Startformation der Bundesligamannschaft war die Verhinderung des Abstiegs in der Saison 2011/2012 zu verdanken. Für seine hervorragende Arbeit wurde Streich 2013 vom DFB mit dem deutschen Trainerpreis geehrt.*

Leben in der Stadt

Etwa 230.000 Einwohner leben in Freiburg und die Stadt ist Sitz des südbadischen Regierungspräsidiums. Traditionell eine Hochburg des Katholizismus, hat Freiburg auch eine starke liberale Tradition. Seit einigen Jahren ist die „Green City" politisch in der Hand der Grünen, bei Bundestagswahlen liegt ihr Stimmenanteil bei um die 25 %. Bürgerentscheide, Vereine und Initiativen – das politische Engagement der Stadtbewohner ist bemerkenswert. Zu diesem Klima tragen sicherlich auch die über 24.000 Studenten kräftig bei, die Freiburg beherbergt. Auch das reichhaltige kulturelle Leben mit Bars, Livemusik und Theatern ist entscheidend der hohen Studierendendichte zuzuschreiben.

Nicht nur eine geologische Grenze verläuft durch die Stadt, Freiburg liegt auch an der Trennlinie von **oberrheinalemannischem** und **südalemannischem Sprachraum.** Für Fremde macht das keinen Unterschied, denn in seiner puren Ausprägung ist der **Dialekt** in jedem Fall eine Herausforderung. Zum Glück ist die Umgangssprache in Freiburg Hochdeutsch, gemischt mit alemannisch „light". Diese Form des Ausdrucks wandelt häufig das „S" zum „Sch", verschluckt öfter mal eine Silbe und lässt gerne das Subjekt weg. Weisch?

Identitätsstiftender als das alemannische Erbe ist jedoch die Verbundenheit mit Baden – der **Lokalpatriotismus** ist hier weit verbreitet. Obwohl erst 1806 von Napoleon gegen den Willen der Freiburger verordnet, ist die Zugehörigkeit zu Baden inzwischen in die Gene übergegangen. Erstaunlich – nach 600 Jahren österreichischer Herrschaft.

Besucher aus Norddeutschland, die unter Umständen nur ein diffuses Bild der Landkarte südlich des Mains haben, sollten vermeiden, Freiburg in Schwaben zu verorten. **Man ist badisch und stolz darauf.** Frei nach dem Motto „s'gibt Badische und Unsymbadische".

Freiburg liegt in der „**Regio**", dem Verbund zwischen den Oberrhein-Regionen Nordwestschweiz, Elsass und Südbaden. Annähernd sechs Millionen Menschen leben in diesem Gebiet. Speziell die Verbindung zu **Frankreich** ist unübersehbar, nicht zuletzt weil Freiburg immer wieder französisch war. Heute kommen täglich zahlreiche **Berufspendler aus dem Nachbarland** über die Grenze, um in Freiburg zu arbeiten. Auch die Einkäufer reizt Freiburg, was man an den vielen französischen Nummernschildern in den Parkhäusern der Innenstadt sieht. Das Stadtgebiet reicht an einer Stelle bis auf wenige Kilometer an die französische Staatsgrenze heran.

Ein eindrucksvolles **länderübergreifendes Kooperationsmodell** praktizieren seit 1989 die Oberrheinuniversitäten mit ihrer Konföderation **EUCOR.** Die Studierenden der **Universitäten** Basel, Mulhouse, Freiburg, Strasbourg und Karlsruhe können mit ihrem Studierendenausweis die Einrichtungen sämtlicher fünf Universitäten (z. B. die Universitätsbibliothek) nutzen. Studienleistungen werden untereinander anerkannt, es findet ein reger Dozentenaustausch statt und gemeinsam werden Forschungsprojekte bearbeitet.

Freiburg kann als **internationale Stadt** bezeichnet werden, Menschen aus 170 Nationen leben hier, fast ein Drittel der Freiburger hat seine Wurzeln außerhalb Deutschlands. **Inte-**

gration und die **Chancengleichheit** sind erklärte Ziele der Stadt und werden auch – im Vergleich zu vielen anderen deutschen Städten – sehr erfolgreich umgesetzt. Eine Vielzahl an Vereinen und Initiativen fördert das Miteinander und sorgt für eine große kulturelle Vielfalt.

Universitätsstadt

An den 11 Fakultäten und über 100 Instituten der **Albert-Ludwigs-Universität** sind über 20.000 Studenten eingeschrieben. Durch die breite Fächerung der wissenschaftlichen Bereiche ist Freiburg eine der wenigen deutschen **Volluniversitäten.** In nationalen wie in internationalen Rankings liegt sie weit vorne und erhielt im Jahr 2007 im Rahmen der Exzellenzinitiative von Bund und Ländern den Status einer „**Exzellenz-Universität**". Im Jahr 2012 konnte sie diesen Status allerdings nicht verteidigen. 2009 bekam die Universität Freiburg außerdem eine Auszeichnung im Wettbewerb „Exzellente Lehre" der Landeskultusminister. Es ist nicht verwunderlich, dass mehrere Nobelpreisträger hier geforscht und gelehrt haben.

Die Universität wurde 1457 vom Habsburger **Erzherzog Albrecht VI.** gegründet. Bereits damals war sie mit den Fakultäten Theologie, Jura, Medizin und Philosophie eine Volluniversität. Zu Gründungszeiten hatte die Albertina nur rund 200 Studenten, die jüngsten unter ihnen waren gerade mal 14 oder 15 Jahre alt. Schon damals wurden außergewöhnliche Ergebnisse erzielt – der Name „Amerika" für die neue Welt, benannt nach Amerigo Vespucci, tauchte erstmals auf einer Landkarte des Freiburger Kartografen Martin Waldseemüller aus dem Jahre 1507 auf.

Nach dem Beitritt der Stadt zu Baden drohte der Freiburger Universität aus finanziellen Gründen die Schließung, da es mit der weitaus renommierteren Universität Heidelberg bereits eine Hochschule im Großherzogtum gab. Dies wurde jedoch Ende 1820 durch **Großherzog Ludwig** abgewendet: Er sagte einen jährlichen Etat zur Aufrechterhaltung von Forschung und Lehre zu. Als Dank wurde der Name erweitert, die Universität heißt seither Albert-Ludwigs-Universität.

Schon immer waren es vor allem die **Geisteswissenschaften,** die die Freiburger Universität prägten: Bedeutende Namen wie Hugo Friedrich, Edmund Husserl und der wegen seiner Sympathie für die Nazis umstrittene Martin Heidegger sind mit der Albertina-Ludoviciana eng verbunden. Immer wichtiger wurden jedoch in den letzten Jahrzehnten auch die **Naturwissenschaften und die Technische Informatik.** Zahlreiche bedeutende, außeruniversitäre Forschungseinrichtungen haben sich in Freiburg angesiedelt, so z. B. das **Max-Planck-Institut für Immunbiologie und Epigenetik** oder das **Fraunhofer-Institut für Solare Energiesysteme.**

Heute nimmt die Universität den Großteil des südwestlichen Viertels der Altstadt sowie große Areale im Stadtteil Stühlinger ein, wo sich das **Universitätsklinikum** befindet. Die Uni ist der **größte Arbeitgeber der Stadt** mit fast 17.000 Mitarbeitern, von denen mehr als die Hälfte im Klinikum tätig ist. Universitätsstatus mit Promotions- und Habilitationsrecht besitzt auch die im Stadtteil Littenweiler angesiedelte, 1962 gegründete **Pädagogische Hochschule Freiburg** (www.ph-freiburg.de). Sie hat rund 4500 Studierende.

044fg Abb.: pv

Green City Freiburg

Freiburg ist die „Green City". Nicht erst seit die Stadt 2008 diese Bezeichnung offiziell als Slogan für das Stadtmarketing eingeführt hat, wird hier Umweltschutz und nachhaltiges Leben großgeschrieben. Bereits 1972 begannen am Kaiserstuhl Proteste gegen das geplante (und nie fertiggestellte) AKW im nahe gelegenen Wyhl, die in der Region auf breite Solidarität stießen. Der Widerstand und das damit einhergehende Bekenntnis zu alternativen Energieformen werden oft als der Startpunkt für die Entwicklung Freiburgs zur Umweltstadt angesehen. Folgerichtig wird Freiburg vom ersten grünen Oberbürgermeister einer deutschen Großstadt regiert, dem 2002 erstmals ins Amt gewählten Dieter Salomon.

Im täglichen Leben der Freiburger spielt das Thema „Green City" auf vielen Ebenen eine Rolle. Alle gesellschaftlichen Akteure von der Verwaltung über Wirtschaft und Universität bis hin zum einzelnen Bürger sind in **Nachhaltigkeits- und Umweltschutzmaßnahmen** involviert. Selbst der SC Freiburg geht als gutes Beispiel voran. So ist beispielsweise das Stadion komplett mit Solarzellen gedeckt und das Bier beim Heimspiel wird aus Mehrwegbechern getrunken.

1992 wurde Freiburg zur **deutschen Umwelthauptstadt** gewählt, zahlreiche nationale und internationale Auszeichnungen sollten folgen. „European City of the Year" war Freiburg 2010, im selben Jahr gewann die Breisgaumetropole aufgrund von **ehrgeizigen Plänen zur CO_2-Reduktion** den Wettbewerb zur „Bundeshauptstadt im Klimaschutz". Sie sehen bis 2030 eine Verminderung der Emissionen um 40 % gegenüber denen im Jahr 1996 vor.

Die ehrgeizigen Umweltziele werden mit zahlreichen **Initiativen** und **Maßnahmen** unterstützt, wie z. B.

umfangreichen Förderungsmaß-
nahmen für energieeffiziente Häuser oder der Aktion „CO_2-Diät", bei
der Bürger im Internet oder im Rathaus Ideen und Beratung erhalten.
Ein **interaktiver Solarstadtplan** verzeichnet das Nutzungspotenzial für
Sonnenenergie eines jeden Hauses.
Und auch der nicht selten belächel-
te „Volkssport" **Mülltrennung** sorgt
dafür, dass im Vergleich zum Rest
von Deutschland das Restmülllauf-
kommen der Breisgauer regelmäßig
Rekord(tiefst)stände erreicht.

Von der „Green City" profitiert insbesondere auch die Wirtschaft. **Öko-
logie und Ökonomie** unterstützen
sich in Freiburg gegenseitig. Nicht
wenige sprechen heute sogar von einem ökologischen Wirtschaftswun-
der. Knapp **12.000 Menschen**, über
3 % der berufstätigen Bevölkerung,
sind **im Bereich Umwelt tätig**, nach
der Medizin dem **zweitgrößten Wirt-
schaftszweig**. Trotz Krise auf dem
Solarmarkt ist Freiburg nach wie vor
eines der großen deutschen Wirt-
schaftszentren der Solarindustrie.
Gestützt von der Kommunalpolitik,
der Nähe zur Forschung und nicht
zuletzt durch die südliche Lage mit
durchschnittlich 1800 Sonnenstunden im Jahr bestehen die besten Vor-
aussetzungen zur Entwicklung dieser
zukunftsweisenden Form der Ener-
giegewinnung. In Freiburg ist das mo-
dernste Solarforschungsinstitut Euro-

pas ansässig, das **Fraunhofer Institut
für Solare Energiesysteme (ISE)** mit
rund 400 Mitarbeitern.

So viel Innovation spricht sich herum. Da ist es kein Wunder, dass die
internationale Leitmesse Intersolar
jahrelang auf dem Messegelände in
Betzenhausen stattfand. Auch heute ist Freiburg noch Schauplatz zahl-
reicher **Fachmessen**. Delegationen
kommen aber auch außerhalb der
großen Events gerne in die „Green
City". Es ist die interdisziplinäre und
praktische Erfahrung, die Freiburg
zu einem attraktiven Studienobjekt
macht. Die Mischung aus Technolo-
gie in Forschung und Anwendung sowie die Partizipation von Politik und
Gesellschaft in allen wichtigen kom-
munalen Themen ist einzigartig in

058fg Abb.: bb

◁ *Innovativer Wohnungsbau
im Ökoquatier Vauban*

▷ *Fahrräder sind in der Stadt all-
gegenwärtig – hier vor dem Theater*

Green City Freiburg

Deutschland, vielleicht sogar auf der ganzen Welt. Davon konnten sich auf der **Expo 2010 in Shanghai** fast eine Million Besucher ein Bild machen. Freiburg stellte als eine von rund 50 weltweit herausragenden Städten in der „Urban Best Practice Area" die Breisgauer Vision von nachhaltigem Zusammenleben im 21. Jahrhundert vor – das Ökoquartier Vauban.

Besucher bekommen schnell praktischen Zugang zum Öko-Geist der Stadt. Der Freiburger **Generalverkehrsplan** hat die **Integration von Natur, Stadtentwicklung und Mobilität** zum erklärten Ziel. So kommt man mit dem hervorragend ausgebauten öffentlichen Nahverkehr schnell überall hin. Das Angebot der Regionalbahnen ist so gut, dass die Nachfrage teilweise die Kapazitäten sprengt. Der weitere Ausbau gestaltet sich jedoch schwierig, da viele Bahnsteige in der Umgebung so kurz sind, dass keine weiteren Waggons eingesetzt werden können.

Innerhalb der Stadt lässt man das Auto ebenfalls am besten stehen. Fast 500 Kilometer **Radwege** sprechen für sich und da Freiburg die Stadt der kurzen Wege ist, lassen sich alle zentralen Orte auch gut **zu Fuß erreichen**. Viele Berufspendler nutzen die kostenlosen **Park-and-Ride-Angebote**. Das Verkehrsaufkommen von Bahn und Fahrrad lag schon 1999 bei fast 50 %, der Anteil von motorisierten Fahrzeugen pro 1000 Bewohner ist dagegen mit 423 im bundesdeutschen Vergleich – wen wunderts – äußerst niedrig und sie fahren auch noch überwiegend mit Tempo 30 – 90 % der Freiburger wohnen in einer **verkehrsberuhigten Straße**.

Die „Green City" ist im wahrsten Sinne des Wortes eine grüne Stadt – über 40 % des Stadtgebietes sind **Natur- und Landschaftsschutzgebiete**. Den Großteil davon macht der Stadtwald aus, der eigentlich aus zwei verschiedenen Wäldern besteht: zum einen aus dem Bergwald, der sich rund um den Schlossberg sowie südlich der Wiehre und Littenweiler bis zum Schauinslandgipfel ausbreitet. An diese Schwarzwaldausläufer denken die Freiburger zuerst, wenn die Rede vom Stadtwald ist. Zum anderen gibt es die in der Ebene liegenden Mooswälder, die sich von St. Georgen im Süden bis Gundelfingen im Norden erstrecken. In beiden Wäldern dominieren Laubbäume, in den höheren Lagen kommen auch Nadelbäume hinzu. Die **Forstwirtschaft** steht, wie könnte es anders sein, im Zeichen der Nachhaltigkeit. Pestizide und Kahlschlag bleiben außen vor, gleichzeitig engagiert sich die Stadt im Rahmen eines zusammen mit Greenpeace erarbeiteten Abkommens für den Schutz der Regenwälder. Der **ökologisch zertifizierte Holzhandel** stellt mit über zwei Millionen Euro Jahresumsatz inzwischen auch einen Wirtschaftsfaktor dar. Im Übrigen ist die „grüne Lunge" der Stadt ein beliebtes Naherholungsgebiet: Fast vier Millionen Besucher strömen jährlich in die Wälder.

Das Versprechen „Lebensqualität als Standortfaktor" wird von der Stadt im Zusammenhang mit der „Green City" gerne gegeben und häufig zitiert. Berechtigterweise – regelmäßig führt Freiburg die Rankings der **lebenswertesten Städte Deutschlands** an.

Freiburg entdecken

003fg Abb.: pv

Die Altstadt

Freiburg ist die „Stadt der kurzen Wege". Fragt man einen Freiburger nach einem beliebigen Ziel, wird man nicht selten die Auskunft erhalten: „So ca. 10 Minuten mit dem Rad". Im Zentrum mit dem Münster, weiterer Sehenswürdigkeiten, Museen, Geschäften und Cafés ist die Situation besonders überschaubar. Die historische Altstadt zwischen dem Schlossberg im Osten und dem Rotteckring im Westen misst im Durchmesser weniger als 800 Meter und ist zudem größtenteils verkehrsberuhigt. Die Straßen und Gassen dürfen nur von Lieferwagen, Anwohnerfahrzeugen und Taxis befahren werden. Besuchern kommt dies entgegen, denn es gibt kaum eine andere deutsche Großstadt, die so sehr dazu einlädt, sie zu Fuß zu erkunden.

Vom **Münsterplatz** ❷ gelangt man über eine der schmalen Gassen in südlicher Richtung zur Schusterstraße. Speziell das **Kaufhausgässle** [E3] lässt noch erahnen, wie dicht gedrängt die Wohnverhältnisse im Mittelalter waren. Der Abstand zwischen den Häuserfronten misst hier kaum drei Meter und Sonnenlicht fällt in diese Gasse selten. In der Schusterstraße steht man schon mitten in **einem der reizvollsten Einkaufsviertel** Freiburgs. In **Schuster-**, **Salz-** und **Konviktstraße** ❻ sowie in der Gegend um den Platz **Oberlinden** ❼ fin-

den sich viele kleine Boutiquen und Geschäfte. Kunsthandel und Antiquariate, Mode und Schmuck, Bücher, Lederwaren und Accessoires – wer das nicht alltägliche Shoppingerlebnis abseits der großen Ketten sucht, ist hier gut aufgehoben.

❶ Freiburger Münster ★★★ [E3]

Bei jeder Beschreibung des Freiburger Münsters wird bis heute an Superlativen nicht gespart. Der Kunstkritiker Eberhard Meckel bezeichnete es 1957 als „Freiburgs Ruhm". Und ganz prominent kann in diesem Zusammenhang der große Schweizer Kunsthistoriker Jacob Burckhardt (1818–1897) zitiert werden: Er begeistert sich für „die beiden schönsten Dome der Christenheit", wobei die Freiburger zu gerne das Straßburger Münster ausblenden und das Zitat für ihren Turm vereinnahmen. Dies wäre gar nicht notwendig, denn in reiferem Alter wurde für den Gelehrten der Freiburger Münsterturm sogar zum „schönsten Thurm auf Erden".

Das Münster von außen

Man sollte das gut 125 m lange Münster zunächst einmal umrunden. Es wirkt als geschlossenes Ganzes, obwohl an den **unterschiedlichen Baustilen** mehrere Bauphasen zu erkennen sind. Begonnen wurden die Arbeiten auf Initiative des letzten Zähringer Herzogs Berthold V. um 1200 mit dem spätromanischen **Querhaus** und dessen Kuppel. In der Zeit von etwa 1230 bis 1330 schloss sich nach Westen der Bau des teils früh-, teils hochgotischen **Langhauses** und des hochgotischen **Hauptturms** an. Von der Grundsteinlegung des spätgotischen (neuen) **Chors** im

▷ Der Hauptturm des Freiburger Münsters, auch bekannt als „schönster Turm auf Erden"

◁ Vorseite: Hier kann man noch das Mittelalter erahnen – Blick vom Kaufhausgässle aufs Münster

Jahr 1354 bis zu seiner Fertigstellung und damit der Vollendung des Gesamtbauwerks im Jahr 1513 sollten noch fast 160 Jahre vergehen.

Der Grund für die **lange Bauzeit** waren jahrzehntelange **politische und wirtschaftliche Schwierigkeiten** Freiburgs. Hatten zunächst der letzte Zähringer und danach die Grafen von Urach den Rohbau finanziert, so änderte sich dies im 14. Jahrhundert. Die Freiburger Bürger kauften sich 1368 von der Herrschaft der Freiburger Grafen los und gehörten fortan zum Hause Habsburg. Damit gingen die gesamten Baukosten nun zu Lasten der Bürgerschaft. Die immensen Beträge, die die Bürger für den Freikauf gezahlt hatten, die abnehmende Bedeutung des Silberbergbaus am Schauinsland sowie politische Probleme ließen die Arbeiten bis ins Schlussdrittel des 15. Jh. stocken.

Neue Mittel konnten durch Stiftungen und Kollekten gewonnen werden. Ebenso war die vom Papst gewährte Erlaubnis, Ablässe zu erteilen, eine gute Einnahmequelle. So hofften viele Bürger, durch großzügige Spenden einer Bestrafung für ihre Sünden entgehen zu können. So wurde das Freiburger Münster doch noch zu einer der wenigen bedeutenden Kirchen, deren Bau im Mittelalter begonnen und auch fertiggestellt wurde.

Der **Hauptturm** des Münsters ist 116 m hoch. Für seinen Bau wurde hauptsächlich Sandstein benutzt, der zu dieser Zeit am nahe gelegenen Lorettoberg abgebaut wurde. Auf dem **quadratischen Unterbau** des Turms ruht seine **achteckige Fortsetzung.** Diese beginnt oberhalb der Sterngalerie in 37 m Höhe über der **mechanischen Turmuhr** aus der Zeit um 1500, die – wie damals nicht unüblich – nur einen Zeiger hat. Der Turm

024fg Abb.: pv

findet seine Vollendung über der Oktogonhalle. Der aus acht Rippen bestehende, filigran gearbeitete **Turmhelm** läuft spitz zu und findet seinen Abschluss in einer großen Kreuzblume, die von einer goldenen Sonne und einem Mond als Zeichen der Herrschaft Christi gekrönt ist.

Die **Besteigung des Turms** kann schwindelfreien Besuchern mit etwas Kondition nur empfohlen werden. Der Turmzugang liegt auf der Südseite des Münsters rechts vom Haupteingang. Der Aufstieg führt in den viergeschossigen, 18 m hohen **Glockenstuhl** aus Tannenholz, dessen Errichtung auf das Jahr 1290 datiert ist. Im dritten Stockwerk befindet sich die Turmwächterstube, in der die Besucher höchst maßvoll zur Kasse gebeten werden, im vierten befinden sich die Glocken. Star unter ihnen ist die am 18. Juli 1258 gegossene **Hosanna** aus Bronze im Klangton „Es". Dank einer Stiftung ist sie donnerstag- und samstagabends, sowie freitags um 11 Uhr zum Gedächtnis an das Leiden und Sterben Christi zu hören. Jedes Jahr am 27. November erklingt ihr Abendgeläut zur Erinnerung an den verheerenden britischen Fliegerangriff 1944.

Die Turmbesteigung findet leider wegen umfangreicher **Restaurierungsarbeiten** seit Jahren und auch noch in absehbarer Zukunft bei den Glocken ihr Ende. Auf den großartigen Eindruck der Oktogonhalle, den wunderbaren Blick in den Turmhelm und die herrliche Aussicht von Plattform (55 m) und Galerie (70 m) auf Stadt und Umland muss verzichtet werden. Dennoch lohnt sich der Ausflug nach oben: etwa für einen Blick

aus der Turmwächterperspektive auf den Münsterplatz oder für einen Besuch in der **Stube des Turmwächters.** Hier können dessen alte Gerätschaften besichtigt werden: Ledereimer für das Löschwasser bei einem Münsterbrand, das Alarmhorn und die Feuerlaterne, mit deren Hilfe er die Richtung eines von ihm entdeckten Brandes in der Stadt anzeigen konnte.

Außen ist der Turm bis zum Turmhelm mit vielen **Verzierungen** und **Figuren** wie z. B. Posaunenengeln geschmückt. Im Giebel des Hauptportals ist die Krönung Mariens dargestellt. An den Innenseiten der beiden massiven Strebepfeiler des Hauptportals sind in Augenhöhe **mittelalterliche Maße** wie Zuber, Klafter und Elle eingemeißelt. Mit deren Hilfe konnten Besucher des nahen Marktes überprüfen, ob man sie übers Ohr gehauen hatte. Das Anbringen der Maße gerade an dieser Stelle dürfte nicht von ungefähr kommen: Sie gewähren im Angesicht des Weltenrichters Gerechtigkeit, und der sitzt nicht weit entfernt über dem inneren Eingangsportal zuoberst in der Mitte des dreigeteilten Bogenfeldes (Tympanon). Die Abbildungen kleiner runder und größerer länglicher **Brote** in Verbindung mit **Jahreszahlen** berichten von Hungerjahren bzw. Jahren mit guter Versorgung.

Die **Turmvorhalle** bildet mit ihrer Architektur und ihrem reichen **Skulpturen- und Reliefschmuck** eine theologische Welt für sich. Den Mittelpfosten der eichenen Renaissancetüren des Innenportals schmückt Maria mit dem Jesuskind. Maria ist die Patronin des Münsters, das aus diesem Grund auch **Münster Unserer Lieben Frau** genannt wird.

Aus der Fülle der Groß- und Kleinplastiken sei auf einige speziell hin-

---

KURZ & KNAPP

Münster – Kathedrale – Dom?

Das Freiburger Münster hat schon seit langem den Rang einer **Kathedrale.** In diesen **kirchenrechtlichen Rang** wird ein Gotteshaus erhoben, wenn es als **Bischofssitz** fungiert. In Freiburg geschah dies 1821, der erste Freiburger Erzbischof nahm das Münster aber erst im Jahr 1827 in Besitz. Heute erstreckt sich das **Erzbistum Freiburg** von Konstanz im Süden bis nach Mannheim und Tauberbischofsheim im Norden.

In Deutschland ist es üblich, Kathedralen als **Dom** zu bezeichnen, und so heißt die Pfarrei im Freiburger Münster auch Dompfarrei, der Münsterpfarrer Dompfarrer und die passende Dommusik wird im Domchor und der Domsingschule einstudiert. Dass das **Münster** selbst ein Münster geblieben ist, ist allein dem traditionellen Sprachgebrauch geschuldet.

gewiesen: Die beiden ersten Figuren an der Nordwestwand neben dem Außenportal symbolisieren die **Verführung**. Es sind der Fürst der Welt mit attraktiver Vorder- und grässlicher Rückseite sowie eine nur auf dem Rücken mit einem Bocksfell bedeckte junge Frau, die Voluptas. Das über ihren Rücken hängende Bocksfell ist ein Sinnbild des Teufels. An der Nordwand zum Innenportal hin warten **die fünf klugen Jungfrauen** mit gefüllten Öllampen, gegenüber auf der Südwand **die fünf törichten Jungfrauen** mit leeren Lampen. Daneben sind die **sieben mittelalterlichen Wissenschaften** zu sehen: Grammatik, Dialektik, Rhetorik, Geometrie, Musik, Arithmetik und Astronomie.

Unter den Kleinplastiken lieben die Freiburger insbesondere das **Nasentrompetenäffle** und den **Teufel** im Bogenfeld des Innenportals unterhalb des gekreuzigten Christus. Der Teufel zeigt sich – je nach Interpretation – betend oder händeringend angesichts der für ihn unerfreulichen Situation, dass sich die von Erzengel Michael gehaltene Seelenwaage zu den guten Werken neigt. Und das, obwohl sich ein Kollege mit seinem gesamten Körpergewicht an die Schale der bösen Werke hängt, um sie nach unten zu ziehen. Das Nasentrompetenäffle hängt an der Nordwand unterhalb der Konsole für eine der klugen Jungfrauen. Handwerksburschen, so sagt der Volksmund, hätten im Mittelalter durch eine präzise Beschreibung dieser im Wesentlichen aus Hut und Trompetennase bestehenden Figur nachweisen können, dass sie in Freiburg gewesen waren.

Die **Südseite des Münsters** ist als „Schauseite" wesentlich aufwendiger gestaltet als die Nordseite. Zusätzlich hat sie 1620 am Südquerhaus eine **Vorhalle im Renaissancestil** erhalten. Von den insgesamt 91 an den Außenseiten verteilten **Wasserspeiern** erhalten vor allem die am Langhaus angebrachten viel Aufmerksamkeit. Die Fabelwesen, Fratzen, Tiere, menschlichen Gestalten und entblößten Körperteile (auf der Südseite des Langhauses ist ein häufig fotografiertes, nacktes menschliches Hinterteil) sollen das Gotteshaus rein halten, nach dem Motto: „Böses mit Bösem vertreiben". In ihrer Funktion als Wasserspeier sind diese wilden Kreaturen in den Dienst der Kirche gezwungen, indem sie das Wasser vom Gebäude ableiten und damit schützen.

Nicht übersehen sollten Besucher die schönen Steinmetzarbeiten über den beiden Choreingängen: Das **Schöpfungsportal** auf der Nordseite zeigt im Bogenlauf die Schöpfungsgeschichte und im Bogenfeld den Sturz des Erzengels Luzifer sowie darunter die Vertreibung von Adam und Eva aus dem Paradies nach dem Sündenfall. Obwohl das **Marienportal** sich auf der reicher gestalteten Südseite des Chores befindet, ist sein Bogenverlauf schmucklos gehalten. Das Bogenfeld stellt den Tod und die Krönung Mariens dar.

Das Innere des Münsters

Das Innere des Freiburger Münsters kann der Besucher durch **vier Portale** betreten: auf der Nordseite durch das Seitenschiffportal, auf der Südseite durch das Lammportal und das Querhausportal sowie durch das Hauptportal auf der Westseite.

Das Münster offenbart sein Inneres am eindrucksvollsten, wenn man das Hauptportal als Zugang wählt. Gleich nach dem Eintritt in die hier recht dunkle Kirchenhalle sollte der Blick des Besuchers zunächst zurückge-

025rfg Abb.: wb

hen, denn in gut 2 m Höhe steht am Mittelpfosten des Hauptportals die **gekrönte Maria im Sternengewand** mit Kind. In ihrer würdevollen, mondsichelförmigen Körperhaltung wird die um 1290 in Burgund geschaffene Skulptur zu den Höhepunkten der Innenausstattung des Münsters gezählt. Im Anschluss sollte man den Blick dem Hauptgang folgend nach vorne richten, auf das zunächst hochgotische, dann frühgotische Mittelschiff über die romanische Vierung bis zum spätgotischen Chor mit dem Hochaltar als Abschluss. Wenn nicht allzu großes Gedränge herrscht, entwickelt dieser großartige Raum auf den Besucher eine nachhaltige Wirkung.

An jedem der Bündelpfeiler links und rechts des **Mittelschiffs** steht halbhoch eine um 1310 geschaffene **Apostelfigur**, auf der linken Seite beginnend mit Petrus, auf der rechten mit Johannes. Wer beim Weitergehen mitzählt, wird feststellen, dass einschließlich der vorderen Vierungs-

pfeiler jede der 14 Säulen mit einer dieser eindrucksvollen Figuren geschmückt ist, obwohl die Zahl der Apostel 12 beträgt. Der Verräter Judas ist durch den nachgewählten Apostel Matthias ersetzt und den geschlossenen Kreis erweitern der sich selbst als Apostel bezeichnende Paulus und Christus, der zusammen mit Thomas das vorderste Paar bildet. Christus zeigt dem Zweifler Thomas seine entblößte Seite. Dieser will mit zwei ausgestreckten Fingern seiner rechten Hand die Narben des Auferstandenen anfassen, bevor er von der Auferstehung überzeugt ist.

Aus der zweiten Hälfte des 19. Jahrhunderts stammt das große **Wandgemälde von Ludwig Seitz** auf der Triumphbogenwand, die das Mittelschiff vom Querhaus trennt. Es zeigt die Krönung Marias, die durch die Anwesenheit des Markgrafen Bernhard von Baden als Patron des Landes, des Bischofs Konrad von Konstanz als Patron der Diözese und der Stadtpatrone Freiburgs Lambert und Alexander regionalen Bezug erhält.

Zu den herausragenden Sehenswürdigkeiten des Freiburger Münsters zählen seine **mittelalterlichen Glasmalereien** aus dem 13. bis 16. Jahrhundert, die zu einem großen Teil die Jahrhunderte überstanden haben (im Zweiten Weltkrieg waren sie ausgelagert). Auch deshalb empfiehlt es sich, vor dem Betreten des Chorbereichs in die Seitenschiffe des Langhauses zu gehen und den **Kirchenfenstern** ihre verdiente Aufmerksamkeit zu schenken. Die Fenster sind Stiftungen der Handwerkerzünfte, der Bergarbeiter, der Freiburger Bürger, des Habsburger Kaiserhauses (Chor) und der Universität Freiburg (Chor). Im **südlichen Seitenschiff** findet man leicht das Fenster der Märtyrer (1270/80), dessen grausame Darstellungen von Leiden und Sterben den Gläubigen Trost spenden und Kraft im Kampf gegen das Böse geben sollten. Daneben befinden sich das wegen des Seitenschiffportals verkürzte Tulenhauptfenster (1320/30), eine Stiftung des Kaufmannsehepaares Tulenhaupt (in der zweiten Bahn von rechts klein zu Füßen des Apostels kniend), und das Fenster der Bergleute der Silbergrube am Schauinsland, die im jeweils unteren Drittel der beiden Außenbahnen bei der Arbeit zu sehen sind. Es folgt das Schusterfenster mit den Stiefeln im Wappen. Im **nördlichen Seitenschiff** sind nacheinander das Küferfenster (etwa 1340) mit der Bütte im Zunftwappen, das Bäckerfenster (1320/30) mit großer Brezel und kleinen, länglichen Brotlaiben als Wappenzeichen, das Schmiedefenster (etwa 1320), zu erkennen an den eine Schlange flankierenden Schmiedewerkzeugen im Wappen, und das Schneiderfenster (1320/30) mit der großen Schere im roten Zunftwappen sowie das Malerfenster (1420/30) mit dem Drei-Schilde-Wappen zu sehen.

Das **Schmiedefenster** erzählt in der mittleren Bahn über dem Zunftwappen die Legende des heiligen Eligius. Der Patron der Schmiede hackt einem störrischen Pferd einen Teil des Vorderbeins ab, dann beschlägt er den rechten Vorderhuf des kleinen Schimmels und setzt im Anschluss die Gliedmaße mittels Kreuzzeichen erfolgreich wieder an. Eine humorvolle Version der Weihnachtsgeschichte ist in der oberen Hälfte der linken Außenbahn dargestellt. Der halb liegenden, halb sitzenden Maria entschwebt das Christkind, weil der gefräßige Ochse (wohl mit Unterstützung des harmlos dreinschauenden Esels) nicht nur das Futter in der Krippe, sondern auch die Windel des Neugeborenen frisst und dieses damit zu sich hochzieht. Josef kann dem Geschehen selbstverständlich nicht tatenlos zusehen und zieht mit seinem respektablen Wanderstock dem Ochsen eins übers Maul.

Auch nach der Betrachtung der Glasmalereien lohnt es sich, noch ein wenig im südlichen Seitenschiff zu verweilen. Zum Beispiel wegen der im Jahr 2011 neu verglasten und restaurierten **Heilig-Grab-Kapelle** im Ostjoch. Die in oberrheinischen Kirchen häufig zu findende Heilig-Grab-Szene zeigt in dieser Version die drei Marien – Maria Mutter Gottes, Ma-

◁ *Die meisten der prächtigen Fenster im Münster sind Stiftungen der mittelalterlichen Handwerkerzünfte*

ria, die Mutter des Jakobus und Maria aus Magdala – und zwei Engel trauernd neben dem Leichnam Christi. Die Figuren stammen aus der Zeit um 1330. Die fünf Wächter in voller Rüstung an der Vorderseite des Sarkophags sind eingeschlafen. Die verschließbare Öffnung eines Kästchens in der Brust des Toten hat im Unterschied zu früher, als von Gründonnerstag/Karfreitag bis zur Auferstehungsfeier in der Osternacht eine Hostie hineingelegt wurde, heute keine liturgische Bedeutung mehr.

Dass „Maria auf der Mondsichel" am südwestlichen Vierungspfeiler für viele Besucher des Münsters ein Anziehungspunkt ist, lässt sich unschwer erkennen, denn vor der aus dem frühen 16. Jahrhundert stammenden Statue breitet sich oft ein Meer von Opferkerzen aus.

An der Ostwand des südlichen Seitenschiffes hat der **Dreikönigsaltar,** einer der beiden großartigen spätgotischen Schnitzaltäre, die im Zuge des Umbaus des Altarraums 2006 vorübergehend heimatlos geworden waren, seinen neuen und verdienten Standort gefunden. Er stammt aus der Werkstatt des Straßburger Holzbildhauers Hans Wydyz und ist auf das Entstehungsjahr 1505 datiert.

Um ein abschließend den richtigen Blick auf die Dimension und die **Architektur des Hochchores** zu bekommen, nähert man sich diesem am besten durch den Hauptgang des Langhauses. Der Chor ist im Unterschied zum dunklen Eingangsbereich des Münsters ziemlich hell. Elf große, nur zum Teil bemalte Glasfenster lassen viel Licht herein und die Fenster des Kapellenkranzes um den Altarraum herum spenden zusätzlich Licht. Beeindruckend ist das Tonnengewölbe mit der kompakten Rippen-

führung, das den Hochchor zu einem eindrucksvollen Raum macht. Wie in der Eingangshalle und im Langhaus sind auch an der Decke des Hochchores – hier von Hans Wydyz in Holz künstlerisch ausgestaltet – in die Mitte des Gewölbes eingelassene Deckel zu sehen. Sie verschließen Öffnungen, durch die im Mittelalter Baumaterialien und Glocken mittels eines Tretrads nach oben befördert wurden. Über dem **Zelebrationsaltar** hängt seit 2009 ein Kleinod von europäischem Rang: das romanische **Böcklin-Triumphkreuz,** eine wertvolle Silber- und Goldschmiedearbeit aus Straßburg, dessen Entstehung auf 1170 bis 1190 datiert wird. Seinen Namen bringt das Kreuz von der Villinger-Böcklin-Kapelle im Kapellenkranz des Chores mit, wo es über Jahrhunderte zum Inventar gehörte.

Im Winterhalbjahr ist der auf der Südseite gelegene **Zugang zum Hochchor** überwiegend geschlossen, daher müssen sich Besucher dann leider mit der Betrachtung des Hochaltars aus einiger Entfernung zufriedengeben. Falls der Zutritt möglich ist, sollte man die Gelegenheit nutzen, denn die Besichtigung des Chors lohnt sich! Am Chorzugang wird eine hilfreiche Broschüre mit vielfältigen Informationen verteilt. Der **Hochaltar,** Kernstück des Chors, ist wieder das Werk eines Straßburger Künstlers. Hans Baldung Grien, ein Freund und zeitweiliger Werkstattkollege von Albrecht Dürer, hat die bedeutende Malerei geschaffen. Bei geöffneten Flügeln zeigt der Altar die Krönung Mariens durch Gott Vater und Gott Sohn, darüber den Heiligen Geist als schwebende Taube. Auf den Altarflügeln links und rechts sind die Apostel dargestellt. Bei geschlossenen Flügeln sind Ereignisse aus dem Leben Marias, darunter die Geburt Christi, zu sehen. Ein seltenes, großes Fastentuch aus dem Jahr 1612 entzieht während der Fastenzeit den Altar den Blicken des Betrachters. Hinter dem Hochaltar sind die von Kaiser Maximilian I. gestifteten **Hochchorfenster** mit kaiserlichem Wappen und Kaiserkrone zu sehen.

Auch für den eiligen Besucher sind einige weitere Kostbarkeiten im Chor ein Muss. Sie befinden sich in den zehn Kapellen, die um den Hochchor angeordnet sind: So ist in der **Stürzelkapelle** der Rokoko-Taufstein nach dem Entwurf von Christian Wentzinger aus den Jahren 1767/68 sehenswert und in der von der Universität Freiburg finanzierten und bis zum 18. Jahrhundert als Grabstätte für Professoren genutzten **Universitätskapelle** das Altarmittelbild, 1526/27 von Hans Holbein dem Jüngeren geschaffen.

In der zweiten der beiden durch das habsburgische Kaiserhaus als Gedächtnisstätten gestifteten **Kaiserkapellen** sollte man sich den Schnewlinaltar aus der Werkstatt von Hans Baldung Grien und die von Hans Wydyz geschnitzte „Heilige Familie bei der Ruhe auf der Flucht nach Ägypten" ansehen. In der **Villinger-Böcklin-Kapelle** ist der spätgotische, um 1520 geschnitzte Annenaltar eines unbekannten Künstlers aus der Schule des am Oberrhein bekannten Meisters H.L. sehenswert. Schließlich befindet sich in der **Lochererkapelle**, benannt nach der Stifterfamilie, der Schnitzaltar mit der „Schutzmantelmaria" des oberrheinischen Künstlers Sixt von Staufen, datiert auf 1521 bis 1524.

Wer beim Verlassen des Chorumgangs in der **Nikolauskapelle** noch einen konzentrierten Blick für das spätromanische, steinerne **Krönungs-**

KURZ & KNAPP

Die Münsterbauhütte

Selten sieht man das Freiburger Münster ❶ ohne Gerüst. In Freiburg heißt es: „Wenn die Arbeiten oben abgeschlossen sind, fangen sie unten wieder an." Notwendig ist die **Dauerinstandsetzung**, da das Münster **Witterung** und **Umweltverschmutzung** ausgesetzt ist. Außerdem muss kontinuierlich die Sicherheit des Steinwerks überprüft werden. Seit dem Mittelalter ist für diese Arbeiten die Münsterbauhütte verantwortlich. Über Jahrhunderte in unmittelbarer Nähe der Kirche angesiedelt (in der Alten Münsterbauhütte, heute der Münsterladen), zog die Steinmetzwerkstatt im 20. Jahrhundert in die Neue Münsterbauhütte in die Schoferstraße. Hier wird teilweise noch mit **alten Techniken** gearbeitet, um den besonderen Charakter des Bauwerks zu bewahren.
> **Führungen** durch die Neue Münsterbauhütte jeden 1. Samstag im Monat (s. S. 40)

relief hat (neuerdings als Krönung eines Pilgers durch den Apostel Jakobus interpretiert), lernt damit „eine der qualitätsvollsten Arbeiten romanischer Bildhauerkunst in Freiburg" kennen und kehrt zu den Anfängen des Münsterbaus in Freiburg zurück.
> **Münster Unserer Lieben Frau,** www. freiburgermuenster.info, Stadtbahn: Bertoldsbrunnen, geöffnet: Mo.–Sa. 10–17, sonn- u. feiertags 13–19.30 Uhr. Während der Gottesdienste ist eine Besichtigung nicht möglich. Chor und Kapellenkranz: Mo. 13–16, Sa. 10–11.15, 12.30–15.30, sonn- u. feiertags 13.15–16 Uhr, Besichtigung des Turms: Di.–Sa. 9.30–16.45, sonn- u. feiertags 13–17 Uhr.

❷ Münsterplatz ★★★ [E3]

Der Münsterplatz ist die klassische Mitte Freiburgs. Durch enge Gässchen und wenige schmale Straßen gelangt man in das Zentrum der Stadt, wo seit langem Autos und Parkplätze verbannt sind. Dieser Ort gehört den Fußgängern.

In seinem heutigen Erscheinungsbild alter städtischer Geschlossenheit gleicht der Münsterplatz seiner früheren, ins Mittelalter zurückreichenden Bebauung. Durch den verheerenden britischen Fliegerangriff im November 1944 waren vom mittelalterlichen Kern der Stadt fast nur Brandruinen geblieben. Abgesehen vom Münster überstanden **nur drei Gebäude** den Angriff nahezu unzerstört: die Alte Wache, das **Wentzingerhaus** ❸ und das historische **Kaufhaus** ❹.

An der Südostseite des Platzes befindet sich die **Alte (Stadt-)Wache** von 1733, die ehemalige Hauptwache der österreichischen Garnison. In jüngster Zeit hat das Gebäude eine erfreuliche Veränderung vom Wehrhaus zum Weinhaus durchgemacht. Schräg gegenüber, an der Südostecke des Platzes, befindet sich das Wentzingerhaus, wenige Meter weiter schließt sich westwärts das historische Kaufhaus an.

Noch weiter westlich sei auf das **Haus zum Ritter** hingewiesen. Das Barockgebäude wurde 1756 für die Breisgauische Ritterschaft errichtet und schon bald wurden die Breisgauischen Landstände, die Vertreter der privilegierten Stände des Breisgaus, Hausherrn – vor allem Adel und Klerus. Danach beherbergte das Gebäude das Großherzoglich Badische Hofgericht und im Jahr 1832 wurde es schließlich Sitz des Erzbischofs des 1827 gebildeten Erzbistums Freiburg. Heute ist hier die Domsingschule untergebracht.

Der Weg zur Nordseite des Münsterplatzes führt vom **Georgsbrunnen** (Baujahr 1935) an den drei barocken Säulen vor dem Hauptportal des Münsters ❶ vorbei. Die mittlere Säule trägt eine gotische Madonna, die von den Freiburger **Stadtpatronen** Lambert (links) und Alexander (rechts) eingerahmt wird. Der **Fischbrunnen** in der Nordwestecke des Platzes aus dem Jahr 1483 mit seiner beeindruckenden spätgotischen

026g Abb.: bb

◁ *Akrobaten auf dem Münsterplatz*

Der Münstermarkt

Montag bis Freitag von 7 bis 13 Uhr und Samstag von 7 bis 13.30 Uhr findet auf dem Münsterplatz ❷ *der Wochenmarkt statt. Zu wahrer Hochform läuft der Münstermarkt vor allem am Samstag auf: Dann sind weitaus mehr Verkaufsstände eingerichtet als unter der Woche und um die Mittagszeit ist vor lauter Besuchern kaum noch ein Durchkommen möglich.*

Das Angebot des Markts ist vielfältig. Wer nicht wie die Einheimischen routiniert mit Einkaufszettel und festen Zielen auf den Münstermarkt kommt, sondern ihn als Fremder oder Gast in Ruhe kennenlernen und genießen will, kann sich einfach treiben lassen. Zur Orientierung hilft es zu wissen, dass der Münstermarkt eigentlich aus zwei Märkten besteht. Auf der Nordseite ist ein Bauern-/Erzeugermarkt, auf der Südseite v. a. ein Händlermarkt, die Verbindung stellen die Blumenverkäufer und Gärtner im Bereich des Münsterhauptportals her. Diese Differenzierung ist allerdings nicht lupenrein, denn auf der Händlerseite befinden sich auch Erzeuger, wie das Beispiel des kleinen, aber feinen Kakteenangebots zeigt, das bereits von der zweiten Züchtergeneration vertrieben wird.

Es tut der sonst gegenüber der Südseite meist zurücktretenden Nordseite des Marktes gut, dass hier in den wärmeren Jahreszeiten die Verkaufsware viel farbenfroher ist. Blumen aus dem Bauerngarten, Obst und Gemüse heben sich vom Angebot der Südseite, wo vor allem Oliven, Gewürze, Keramik, Holzspielzeug, Bürsten und nicht zuletzt handgefertigte Strohschuhe - die Einheimischen nennen sie „Straufinken" - zu kaufen sind, ab. Einen wahren Trumpf besitzt die nördliche Marktseite gegenüber der Sonnenseite des Platzes aber mit der Freiburger Münsterwurst, die man mit Vorliebe hier verspeist: Die „Lange Rote" wird geknickt oder ungeknickt im frischen Brötchen und - je nach Wahl - mit gebratenen Zwiebeln, Senf und Ketchup gegessen. Verzehrt wird sie im Stehen, am besten verdrückt man sich dazu aus dem Gewühl in Richtung Münster. Bis 2011 teilten sich fünf Wurststände viele Jahre lang dieses lohnende Geschäft, doch dann verlangte die Europäischen Union eine offene Ausschreibung. Es wurde eine Wurstkommission eingesetzt, die unter 25 Bewerbern den Sieger ermittelte: Das Establishment muss sich seitdem den Markt mit zwei weiteren Standinhabern teilen. In der „Green City" Freiburg versteht es sich von selbst, dass inzwischen auf dem Münstermarkt auch Tofuwürste angeboten werden, für die sich der Name „Lange Grüne" eingebürgert hat.

Dass trotz des vielfältigen, überwiegend traditionellen Warensortiments auf dem Münstermarkt noch eine „Marktlücke" entdeckt werden kann, beweist Stefan Linder. Er verkauft samstags in der Nähe des Fischbrunnens den „besten Käsekuchen der Welt" in Variationen wie „Kirsch", „Rosinen" oder „Mohn".

Der Münstermarkt ist nicht nur am Samstagvormittag ein Erlebnis, sondern auch unter der Woche und frühmorgens, wenn die Verkäufer ihre Stände aufbauen. Da ist es ruhig und beschaulich und der Platz wirkt auf den Besucher sehr mittelalterlich.

Brunnensäule ist der älteste erhaltene Freiburger Brunnen. Er stand bis 1807 an der Stelle des Bertoldbrunnens , dann bis 1938 in der damaligen Adolf-Hitler-Straße und heutigen Kaiser-Joseph-Straße. Dort war er dem zunehmenden Autoverkehr im Weg gewesen, weshalb er demontiert wurde. Er erinnert mit seinem Namen daran, dass über Jahrhunderte die **Fischverkäufer auf der „Große Gass"** ihre Ware im Brunnentrog bis zum Verkauf frisch hielten. Anlässlich der 850-Jahr-Feier der Stadt im Jahr 1970 wurde er auf dem Münsterplatz wieder aufgebaut, allerdings zum Schutz der **Originalskulpturen** gegen Umweltschäden oder mutwillige Beschädigung nur mit Kopien bestückt. Der Brunnentrog wurde ebenfalls erneuert.

Das **Kornhaus**, im Jahr 1498 als Kornspeicher und Tanzhaus der Zünfte eröffnet, wurde 1944 Opfer der Sprengbomben. Die Rekonstruktion mit der spätgotischen Giebelfassade zum Münsterplatz hin erfolgte Ende der 1960er-Jahre. Im Laufe der Jahrhunderte wurde das Haus unter anderem als städtisches Schlachthaus genutzt, von 1770 bis 1823 war es Standort des Stadttheaters. Während des 19. Jahrhunderts diente es im Obergeschoss als Fest- und Konzertsaal und im Erdgeschoss als Fruchtmarkthalle.

Die **roten Steine** im Kopfsteinpflaster des Münsterplatzes (auf Höhe des Querhauses des Münsters) stellen den Grundriss eines längst verschwundenen Beinhauses dar. Im Mittelalter war hier der städtische Friedhof, bis ihn Kaiser Maximilian zur Vorbeugung gegen Seuchen an den Stadtrand verlegen ließ.

Aber nicht nur die historischen Bauwerke müssen erwähnt werden. Zahl-reiche **Gaststätten** und **Weinstuben** laden auf beiden Seiten des Münsterplatzes dazu ein, die badisch-alemannische Küche zu genießen. Im Sommer sollte man sich in jedem Fall unter einen der bunten Sonnenschirme setzen, um ein „Viertele vom Markgräfler oder Kaiserstühler Wii zu schlotze" oder eines der Biere aus der Region zu trinken.

❯ Stadtbahn: Bertoldsbrunnen

❸ Wentzingerhaus/Museum für Stadtgeschichte ★★★ [E3]

Das spätbarocke Wentzingerhaus, auch „Haus zum schönen Eck" genannt, trägt den Namen seines Erbauers Johann Christian Wentzinger, dem in der Region vielleicht bedeutendsten Bildhauer, Maler und Architekten der Rokokozeit, der das Haus auch bewohnte.

Der **Müllersohn Wentzinger** hatte durch verschiedene Auftragsarbeiten großen Wohlstand erworben, sodass er sich den Hausbau in dieser Spit-

027fg Abb.: bb

zenlage leisten konnte. Als er um die Hand der damaligen Bürgermeistertochter Anna Katharina Eck anhielt, bekam er einen Korb. Er unterstützte dennoch (oder gerade deshalb) die wohltätigen Projekte der Dame, blieb bis an sein Lebensende **Junggeselle** und hinterließ sein Vermögen den Armen, was ihn zu einem der größten Stifter der Stadt machte.

Heute ist in dem Gebäude das **Museum für Stadtgeschichte** untergebracht. Es macht den Besucher mit 900 Jahren Stadtgeschichte vertraut, der thematische Bogen reicht von den Zünften über die im Jahr 1456 gegründete Universität bis zu den Freiburger Klöstern oder dem Münzwesen. Zwei Modelle zeigen die Stadt am Ende des Mittelalters um 1600 und im barocken Festungskorsett um 1700. Ein Highlight ist die mittelalterliche Baustelle „Münster", auf der Zinnfiguren den Baubetrieb des in der Entstehung befindlichen Münsters verdeutlichen. Im Obergeschoss kann man noch ein in die Vertäfelung eingelassenes Geheimfach besichtigen, in dem Wentzinger seinen Notgroschen versteckt hatte.

❯ Münsterplatz 30, Stadtbahn: Bertoldsbrunnen, Tel. 2012515, www.freiburg. de/museen, geöffnet: Di.–So. 10– 17 Uhr, Eintritt: 3 €/erm. 2 €

◀ *„Der Herbst" – Skulptur von Johann Christian Wentzinger im Museum für Stadtgeschichte*

▷ *Blick vom Münsterturm auf das Historische Kaufhaus*

❹ **Historisches Kaufhaus** ★★ **[E3]**

Das historische Kaufhaus ist in seiner **aufwendigen baulichen Gestaltung,** die durch die **rote Fassadenfarbe** unterstrichen wird, ein Markenzeichen des Münsterplatzes. Das um 1530 vollendete Gebäude ist der Erweiterungsbau des alten Kaufhauses an der Schusterstraße. Hier war die städtische Markt-, Zoll- und Finanzverwaltung untergebracht. Die **Arkadenvorhalle,** in deren Bögen früher Marktstände untergebracht waren, gibt Zeugnis von der damaligen Gebäudefunktion als Zentrum des städtischen Handels. Die beiden **Erkertürmchen** über den Außensäulen des Gangs mit ihren bunten Ziegeln verschaffen der Fassade eine gewisse Leichtigkeit. Über dem Balkon stehen unter kleinen Baldachinen **vier Standbilder** herausragender Persönlichkeiten des späten Mittelalters aus dem Hause Habsburg: der große Freund und Förderer der Stadt, **Kaiser Maximilian I.**, sein Sohn **Philipp der Schöne**, Herzog von Burgund und König von Spanien, sowie seine beiden Enkel, **Kaiser Karl V.** und Erzherzog **Ferdinand I.**, der spätere Kaiser. Die **Wappen** an den Erkerbrüstungen, die den Doppeladler des Heiligen Römischen Reiches Deutscher Nation als Mittelpunkt haben, demonstrieren die Ausdehnung des habsburgischen Herrschaftsbereichs auf dem Zenit der Macht. Schöpfer der bildhauerischen Arbeiten ist **Hans Sixt von Staufen**, dem auch der Schutzmantelaltar im Chorumgang des Münsters ❶ zu verdanken ist.

Hinter den großen Fassadenfenstern befindet sich der **Kaisersaal**, eine besonders gute „Stube" der Stadt, die mit ihm bei besonderen Anlässen eine beeindruckende **Repräsentationsmöglichkeit** hat. Nach Beendigung des Zweiten Weltkriegs hielt das Parlament des von der französischen Besatzungsmacht geschaffenen Landes Baden in diesem Saal seine Sitzungen ab. Neben dem Kaisersaal gibt es diverse weitere Räumlichkeiten sowie einen Innenhof. Heute wird das historische Kaufhaus von FWTM (Freiburg Wirtschaft Touristik und Messe) verwaltet und für **Kongresse und Veranstaltungen** genutzt.

❯ **Historisches Kaufhaus,** Münsterplatz 24, Stadtbahn: Bertoldsbrunnen, www.historischeskaufhaus.freiburg.de

❯ *Auch in der Konviktstraße fließt natürlich ein Bächle*

❺ Münzgasse ★★ [E4]

Folgt man der Schusterstraße Richtung Osten, beginnt nach dem Überqueren der Herrenstraße die Münzgasse. Ab 1567 wurden hier **Silbermünzen geprägt**, ein Zeichen für Freiburgs frühen Wohlstand. Noch heute erinnert der in die Wand des Hotels Schwarzwälder Hof (s. S. 128) eingelassene **Kopfstein** des ehemaligen Portals der **Münzprägestätte** an diese Zeit. Man sieht darauf zwei Löwen, die das Stadtwappen halten.

Der Aufstieg Freiburgs zu einer wohlhabenden und regional bedeutenden Stadt unter den Habsburgern drückte sich unter anderem in dem über Jahrhunderte ausgeübten **Münzrecht** aus. Das Privileg berechtigte Freiburg zunächst zur Prägung des **Breisgaupfennigs.** Die Silbermünze war alleiniges Zahlungsmittel in der Stadt, der Tauschhandel mit reinem Silber verboten. Im ausgehenden 14. Jahrhundert trat Freiburg dem **Rappenmünzbund** bei, einer frühen Währungsunion von Bern, Basel, Colmar und einigen anderen oberrheinischen Städten. Aus dieser geht auch der bis heute gebräuchliche Schweizer Rappen hervor. Nach dem Auseinanderbrechen des Bundes im Jahr 1584 prägte Freiburg noch bis in das späte 18. Jahrhundert Münzen, auch wenn dieses Vorrecht an Bedeutung verlor.

❯ Stadtbahn 1: Oberlinden

❻ Konviktstraße ★★★ [E4]

Am Ende der kurzen Münzgasse stößt man auf die Konviktstraße. Sie ist einer der schönsten Abschnitte der Freiburger Altstadt und auch aus städtebaulicher Sicht herausragend.

Im Krieg stark zerstört, wurde die Konviktstraße erst in den 1970er-

Jahren hauptsächlich mit privaten Mitteln restauriert. Die Stadt veräußerte zu diesem Zweck den Großteil der Gebäude an **private Investoren**, knüpfte an den Verkauf jedoch starke Auflagen. So mussten beispielsweise die alten Gebäudeproportionen beibehalten und die Fassaden möglichst **im historischen Stil** erneuert werden. Auch der **geschwungene Straßenverlauf** wurde nicht verändert, sodass man beim Schlendern immer das Schwabentor ⓫ im Blick hat.

Bevor die Konviktstraße zu dem malerischen „Gässle" und Touristenmagneten von heute wurde, war sie über Jahrhunderte das **Problemviertel der östlichen Altstadt**. Hier lebten neben einfachen Handwerkern auch Tagelöhner, Bettler und der Henker der Stadt und es war wenig ratsam, hier nachts vorbeizuschauen. Auch wurde die Konviktstraße früher „**Wolfshöhle**" genannt, was aber wohl eher auf die nur einen Steinwurf entfernten Schwarzwaldausläufer als auf die schwierige soziale Klientel zurückzuführen ist. Mit großer Sicherheit streifte im Mittelalter der eine oder andere Wolf in der Nähe umher.

Heute gibt es am nördlichen Ende der Konviktstraße noch das **Restaurant Wolfshöhle** (s. S. 28), das allerdings eher die Feinschmecker anspricht. Auch die kleinen und bisweilen **exquisiten Boutiquen** und **Antiquitätengeschäfte**, die das Straßenbild bestimmen, zeigen, dass von der vormals zwielichtigen Historie des Viertels nichts mehr übrig ist.

Im Norden trifft die Konviktstraße auf die Schoferstraße. Hier befindet sich das **Ordinariatsgebäude** (Schoferstraße 2), das Regierungsgebäude des Erzbischofs der Oberrheinischen Kirchenprovinz, das einen kurzen Abstecher wert ist. Besucher sollten nicht nur die auffällige Fassadengestaltung, sondern vor allem das repräsentative, frei zugängliche Treppenhaus beachten, das schon fast byzantinisch anmutet (kann zu den Bürozeiten besichtigt werden).

❯ Stadtbahn 1: Oberlinden

❼ **Oberlinden** ★★★   [E4]

Am südlichen Ende der Konviktstraße ❻ *treffen Herren-, Salz- und Konviktstraße am Platz Oberlinden vor dem Schwabentor* ⓫ *zusammen. Es handelt sich hierbei um eine der ältesten Straßengabelungen der Stadt.*

Die **Salzstraße** war die durch das Höllental führende Verbindung nach Oberschwaben, ein Handelsweg, der schon Jahrhunderte vor der Stadtgründung durch die Zähringer existierte. Die **Herrenstraße** gab es ebenfalls schon lange vor der Entstehung Freiburgs. Sie war früher eine Landstraße in Richtung Herdern und darüber hinaus in Richtung Nordschwarzwald. Bis heute folgen beide ihrem ursprünglichen Verlauf. Der Blick von der Herrenstraße in Richtung Oberlindenbrunnen und Schwabentor ist be-

Der Oberlindenhock

Seit über 40 Jahren findet rund um den Platz Oberlinden ❼ am letzten Juniwochenende der Oberlindenhock statt, ein **Straßenfest mit viel Live-musik.** Weitere Informationen findet man unter www.oberlindenhock.de.

Heute lädt eine Bank zum Verweilen unter der Linde ein, die erst **1729 gepflanzt** wurde. Sie überlebte die Bombennacht von 1944 unbeschadet und steht **unter Naturschutz.**

Der **Oberlindenbrunnen** geht ebenfalls auf das Mittelalter zurück. In seiner heutigen Gestalt entstand er im 19. Jh., die Madonna auf der Brunnensäule stammt aus dem Barock.

❭ Stadtbahn 1: Oberlinden

sonders eindrucksvoll und ein beliebtes Postkartenmotiv.

Die obere Altstadt um das Schwabentor und speziell den Platz Oberlinden ist eines der **ältesten Viertel Freiburgs.** Nach einer häufig vertretenen Auffassung standen hier die ersten Häuser der Stadt, denn es ist erwiesen, dass an der Kreuzung schon vor der Stadtgründung eine Siedlung bestand. Seinen Namen hat der Platz von der ursprünglich im 13. Jahrhundert gepflanzten **Linde,** unter der im Mittelalter Gericht gehalten wurde und Versammlungen stattfanden.

030fg Abb.: bb

❽ **Zum Roten Bären** ★★ [E4]

Gegenüber dem Oberlindenbrunnen befindet sich auf der Westseite der Straße das Gasthaus zum Roten Bären. Dieses ist nicht nur das älteste der Stadt sondern auch mit großer Wahrscheinlichkeit **das älteste Gasthaus Deutschlands.** 2011 feierte es 700-jähriges Jubiläum, die Wirte lassen sich lückenlos bis in das 14. Jahrhundert zurückverfolgen. Auch das Gebäude selbst stand schon zu Stadtgründungszeiten. Es war vermutlich Bestandteil der Siedlung an der Salzstraße, die vor allem Händlern aus dem Schwarzwald Kost und Logis für Mensch und Pferd bot.

Während das Gebäude im frühen 18. Jahrhundert im **Barockstil** neu gebaut wurde, stammen Teile des dreistöckigen Kellers nachweislich aus dem **Mittelalter** und datieren möglicherweise sogar bis ins 11. Jahrhundert zurück. Das Haus blieb im Zweiten Weltkrieg unversehrt, der Großteil der Barockfassade blieb erhalten. Seinen jetzigen Zustand verdankt das Gebäude einer mit Liebe zum Detail durchgeführten **Grundsanierung** in den 1970er- und 1980er-Jahren.

❭ Oberlinden 12, Stadtbahn 1: Oberlinden, Tel. 387870, www.roter-baeren.de, geöffnet: tägl. 12–23 Uhr, warme Küche 12–14, 18.30–22 Uhr

9 Augustiner-
museum ★★★ [E4]

031fg Abb.: wb

Über die Salzstraße kommt man vom Platz Oberlinden 7 nach ca. 100 m zum Augustinermuseum, das nach mehrjähriger Sanierung 2010 feierlich wiedereröffnet wurde. Weitere Umbauarbeiten sollen bis zum Jahr 2017 abgeschlossen sein.

Das Augustinermuseum als Dependance des **Freiburger Münsters 1** zu bezeichnen, würde dem Haus in keiner Weise gerecht werden, auch wenn einige seiner Prunkstücke über Jahrhunderte am und im Münster ihren Platz hatten. Die wertvollen Exponate wurden zum Schutz vor schädlichen Umwelteinflüssen in museale Sicherheit gebracht und am Münster durch Nachbildungen ersetzt. Dass das Museum in der Tat weitaus mehr als ein Münstermuseum ist, zeigt schon seine ergänzende Bezeichnung „**Museum für Kunst- und Kulturgeschichte am Oberrhein**".

Seine vielfältigen Bestände verdankt das Augustinermuseum vor allem der Zusammenführung der **Städtischen** mit den **Erzbischöflichen Sammlungen** im Jahr 1932. Erst durch die Kooperation von Kommune und Erzdiözese konnten die Türen des Augustinermuseums für nicht länger am Münster belassbare Skulpturen und Glasmalereien geöffnet werden. Bereits im Jahr 1930 wurden die Originale der **Chorkapellenfenster** ins Augustinermuseum gebracht. Im Jahr 2007 kamen schließlich aufgrund der bevorstehenden Sanierung des Münsterturms die letzten der zehn monumentalen **steinernen Propheten** im Augustinermuseum an. Die Zusammenführung der Sammlungen brachte aber darüber hinaus noch weitere **Sakralkunst** in das Mu-

seum, und zwar aus dem gesamten Bistum Freiburg, also von der Region Bodensee/Oberschwaben bis ins Unterfränkische und zum Mittelrhein.

Das Augustinermuseum wurde im Jahr 1923 im früheren Kloster **der Augustiner-Eremiten**, eines Bettelordens, eröffnet, blieb jedoch bis ins 21. Jahrhundert aus Mangel an Geldern in einem unvollendeten Zustand. In der Renovierungsphase von 2008 bis 2010 wurde die **Klosterkirche**, die im 19. Jahrhundert für fast 100 Jahre zum städtischen Theater umfunktioniert war, für Museumszwecke umgebaut. Das ehemalige **Kirchenschiff** ist jetzt Hauptraum dieses Museumsteils und durch zwei Pfeilerwände parallel zu den Längsseiten untergliedert. Dies ermöglichte die Schaffung je eines **Galeriegeschosses** über den neuen Seitenschiffen. Vor den Pfeilern stehen die zehn bis zu vier Meter hohen steinernen Prophetenfiguren des Münsterturms aus dem ersten Drittel des 14. Jahrhunderts. Wer in diesen

◁ *Der Gasthof „Zum Roten Bären" ist über 700 Jahre alt*

▷ *Die beeindruckende Prophetengalerie im Augustinermuseum*

hohen Raum eintritt, hat auch einen faszinierenden Blick auf die **Pseudo-Wasserspeier**, steinerne Darstellungen von fünf der sieben **Laster** aus dem frühen 14. Jahrhundert – unter ihnen ist die Wollust als nackte Frau und die Völlerei als fressgieriges Schwein. Auch sie hatten über die Jahrhunderte hinweg ihren Platz hoch oben am Westturm, wo sie wie Wasserspeier angebracht waren, ohne es aber zu sein.

Im oberen Teil der Wand, die den Skulpturenraum vom Chorraum der ehemaligen Kirche trennt, hat ein hochgotisches, knapp 2,50 m hohes Sandsteinrelief mit dem Thema „**Marienkrönung**" seine Heimstätte gefunden. Christus und Maria passen in ihrer körperlichen Schönheit und edlen Haltung ideal zusammen und bilden ein (mystisches) Brautpaar. Der Sohn segnet die demütig – mit die Demut unterstreichenden langen Fingern – betende Mutter, die das gläubige Kirchenvolk verkörpert. Beide sind gekrönt, im Spitzbogen halten aber zwei Engel eine dritte Krone bereit. Theologisch wird dies als Verheißung ewigen Lebens an die Gemeinschaft der sterblichen Gläubigen interpretiert. An seinem alten Stammplatz über der Westturmvorhalle im Münster konnte das Relief jahrhundertelang den Gläubigen diese tröstende Botschaft verkünden und sie beim Gang in die Kirche zusätzlich motivieren.

Der **Chorraum** der ehemaligen Augustinerkirche wird von der **Gengenbacher Chororgel** aus der Barockzeit dominiert, unter der weitere Sakralkunst des Barock im Raum verteilt präsentiert wird. In den links und rechts des Hauptraums geschaffenen **Seitenschiffen** und den darüber liegenden **Zwischengeschossen** sind Holzbildwerke und Tafelgemälde aus dem Mittelalter und der Renaissance zu bewundern. Darunter befinden sich herausragende Kunstwerke wie etwa die Tafeln des Staufener Altars, die „Heilige Agnes" (Hans Wydyz), die Bilder von Hans Baldung Grien, dem auch der Hochaltar im Münster zu verdanken ist, „Der Sündenfall" (Meister H.L.) oder Matthias Grünewalds „Schneewunder-Tafel".

Das **Treppenhaus** im Westen führt in sämtliche Geschosse des Hauses und bietet faszinierende Einblicke in das „Prophetenkabinett" in der großen Skulpturenhalle. Außerdem bringt es die Besucher an dem Fragment eines Fensters der Dominikanerkirche vorbei, die längst aus dem Stadtbild verschwunden ist. Die „Stehende Muttergottes mit Kind" ist eine herausragende Attraktion und führt zur **Abteilung Glasmalerei,** die auf zwei Ebenen im Westteil des Museums untergebracht ist.

❭ Augustinerplatz, Stadtbahn 1: Oberlinden, Tel. 2012521, www.freiburg.de/museen, geöffnet: Di.–So. 10–17 Uhr, Eintritt: 6 €/erm. 4 €

032fg Abb.: bb

⑩ Augustinerplatz ★★ [E4]

Verlässt man das Augustinermuseum, steht man sogleich auf dem Augustinerplatz, an dessen Westseite noch **Reste der Stadtmauer** vorhanden sind. Ihr ehemaliger Verlauf über den Platz ist durch unterschiedlich angeordnete Pflastersteine gekennzeichnet. Ein **buntes Häuserensemble** begrenzt den leicht nach Süden hin abfallenden Platz, der im Mittelalter angelegt wurde und dessen Charme heute Einheimische und Touristen gleichermaßen anspricht.

Bei der Freiburger Bevölkerung ist der Augustinerplatz ein **beliebter Treffpunkt** für Studenten und Schüler sowie Musikanten und Kleindarsteller. An warmen Sommerabenden sitzt man auf den großen Treppenstufen oder einfach nur auf dem Pflaster, wo es schon mal recht voll und vor allem recht laut werden kann. Aus diesem Grund wurde 2009 die „**Säule der Toleranz**" errichtet, eine Art Leuchtkubus mit Ampelfunktion, deren Farbe im Laufe des Abends allmählich Grün nach Rot wechselt. Hat sie am späten Abend Rot erreicht, ist aus Rücksicht auf die Anwohner die Nachtruhe einzuhalten. Dieses Konzept war leider nur bedingt von Erfolg gekrönt. Viele Anwohner plädierten deshalb bald wieder für die traditionelle Methode des Lärmschutzes durch Ordnungshüter. Für Kinder ist die Attraktion des Platzes der an der Ostseite des Platzes gelegene Spielplatz.

❯ Stadtbahn 1: Oberlinden

⑪ Schwabentor ★★★ [E4]

Nur wenige Schritte südlich des Gasthauses Zum Roten Bären ❽ steht das um 1265 errichtete Schwabentor. Es ist das jüngere der beiden noch erhaltenen Stadttore aus dem Mittelalter und eines der Wahrzei-

☐ *Der Augustinerplatz ist ein beliebter Treffpunkt der Freiburger*

Freiburgs Schutzpatrone

Immer wieder stößt man in der Alt-stadt auf die **drei Stadtpatrone,** *ins-besondere auf den* **heiligen Georg.** *Der römische Ritter und Märtyrer soll wegen seines Glaubens im Jahr 305 n. Chr. enthauptet worden sein. Un-ter anderem schmückt der Drachenbe-zwinger die dem Schwabentorplatz zu-gewandte Seite des Schwabentors* ❶ *sowie mehrere Altäre und Kirchenfens-ter im Münster* ❶ .*

Der Brunnen in der Südwestecke des Münsterplatzes ❷ *trägt seinen Na-*

033fg Abb.: pv

men und zeigt ihn auf der Brunnen-säule. Auch auf der Säule des Fisch-brunnens auf der gegenüberliegenden Seite des Platzes ist er zu finden. Wie die Stadt Freiburg zu der engen Ver-bindung mit St. Georg als Schutzhei-ligem kam, ist umstritten. Möglicher-weise steht sie im Zusammenhang mit der Bedeutung der Kaufleute für die Stadt, deren Schutzpatron er ist. Spä-testens mit der Einführung des Stadt-banners bzw. Stadtwappens setzte die Verehrung ein. Wie das Banner des heiligen Georg zeigt das Freiburger Wappen ein rotes Kreuz auf weißem Grund. Stadtbanner und -wappen sind übrigens auch mit der Flagge von Eng-land identisch – St. Georg wurde im 13. Jahrhundert auch von den Eng-ländern zu ihrem Schutzheiligen erko-ren. Eine andere Theorie besagt aller-dings, das Stadtwappen sei farblich an das Wappen des Hauses Habsburg an-gelehnt, unter dessen Schutz man sich im ausgehenden 14. Jh. gestellt hatte.

Die anderen beiden Stadtpatrone, **Bischof Lambert von Lüttich** *und Ale-xander der Märtyrer, kamen später hinzu. Lambert war im 7. Jahrhun-dert Bischof von Maastricht, wurde nach seinem Tod nach Lüttich über-führt und dort verehrt. Die Zähringer-Verbindung machte ihn zum Schutz-*

chen der Stadt.

Seine heutige Form hat das Tor erst seit 1954, als der Anfang des 20. Jahrhunderts hinzugefügte, opulente Aufbau mit Treppengiebel rückgebaut wurde. Die Freiburger hatten sich da-mit nie recht anfreunden können. Die heutige Erscheinungsform ähnelt dem **mittelalterlichen Original.** Bis

Mitte des 16. Jahrhunderts war der Turm **zur Stadt hin offen,** eine im Mittelalter nicht unübliche Bauwei-se. Diese sollte verhindern, dass sich feindliche Truppen im Turm verschan-zen und ihn als Ausgangspunkt für die Eroberung der Stadt nutzen konn-ten. Aus der Umbauphase zu Beginn des letzten Jahrhunderts stammt das

heiligen von Freiburg: Rudolf von Zähringen war im 12. Jahrhundert Bischof von Lüttich und brachte eine Reliquie - wohl ein Stück Schädeldecke Lamberts - mit nach Hause, welche die sich vom 14. Jahrhundert an entwickelnde Verehrung auslöste. Das prächtige Reliquiar, also das Behältnis, das die Reliquie beinhaltete - in diesem Fall eine mittelalterliche, goldbeschlagene Büste des Kirchenmannes - kann noch heute im Augustinermuseum **❾** *besichtigt werden.*

*Über den **römischen Märtyrer Alexander**, den „Jüngsten" der drei Stadtpatrone, ist wenig bekannt. Im 17. Jahrhundert brachten Freiburger Pilger eine Reliquie von Alexander als päpstliches Geschenk aus Rom mit. Die Legende besagt, dass er in den Anfängen des Christentums aufgrund seines Glaubens in Rom hingerichtet wurde. In Freiburg stößt man meist in Verbindung mit Lambert auf ihn. So rahmen die beiden beispielsweise die Jungfrau Maria mit Kind auf den Säulen vor dem Hauptportal des Freiburger Münsters ein.*

◁ *Der heilige Georg, Freiburgs Schutzpatron, glänzt vor dem Münster* ❶

Bild des Stadtpatrons „**St. Georg der Drachentöter**".

Das Schwabentor war im Mittelalter **einer der wichtigsten Zugänge zur Stadt**, da hier das wertvolle **Salz** ankam. Auch gab es stadtauswärts zunächst eine Furt und später wölbte sich dort eine der wenigen **Brücken über die Dreisam**, sodass

das Verkehrsaufkommen an dieser Stelle vermutlich bereits im Mittelalter höher war als an den anderen Stadttoren.

Seinen **Namen** verdankt das Tor – abgesehen davon, dass es in Richtung Schwaben weist – einer **Legende**. Einst soll ein reicher schwäbischer Kaufmann mit zwei Fässern Gold und dem Vorhaben, die Stadt zu kaufen, nach Freiburg gereist sein. Als jedoch die Fässer geöffnet wurden, war nur Sand darin, da die Frau des Kaufmanns vor der Abreise den Inhalt ausgetauscht hatte. So wurde der Kaufmann Zielscheibe für Hohn und Spott und nebenbei auch noch Namensgeber für das berühmte Stadttor. Abgebildet ist die Geschichte auf der Innenseite des Tores.

Im Schwabentor ist heute die **Zinnfigurenklause** (s. S. 41) untergebracht, ein **Museum**, das unter anderem **Dioramen** aus der Zeit der Freiheitskriege und der Reformation zeigt. Die ehemalige Privatsammlung von über 9000 Zinnfiguren wurde 1984 von der Stadt übernommen und verteilt sich über zwei Stockwerke.

❯ Stadtbahn 1: Oberlinden

⓬ 🔴 Greiffenegg Schlössle ★★ [F4]

Tritt man aus dem Schwabentor heraus, verlässt man den verkehrsberuhigten Innenstadtbereich und steht am Fuße des Schlossbergs ⓭*. Von hier ist es möglich, in wenigen Minuten den Anstieg zum Greiffenegg Schlössle zu erklimmen.*

Den Schlossbergring überquert man am besten über den **Schwabentorsteg**, eine überdachte Fußgängerbrücke, die direkt am Schwabentor zugänglich ist.

Die Gaststätte Greiffenegg Schlössle bietet Gästen, die weniger gut zu Fuß sind, die Möglichkeit, mit einem **Aufzug** nach oben zu fahren. Alle anderen kommen über einen kurzen, aber steilen Aufstieg (40 % Steigung) zum Ziel. Vom ca. 30 m über dem Ring gelegenen Greiffenegg Schlössle und auch vom noch etwas weiter oben gelegenen Kanonenplatz hat man **einen der schönsten Blicke über Altstadt, Wiehre und das Dreisamtal.**

Hermann von Greiffenegg war der letzte österreichische Regierungspräsident, bevor Freiburg 1807 unter Napoleon an das Herzogtum Baden fiel. Er hatte 1805 auf dem Schlossberg seinen **Altersruhesitz** errichtet, nach seinem Tod lebte hier sein Sohn, skandalöserweise mit seiner Frau und deren jüngeren und attraktiveren Schwester. Es war ein offenes Geheimnis in Freiburg, dass letztere seine Favoritin war. Während die Beteiligten selbst offenbar ganz gut in dieser Konstellation lebten, war die **Dreierbeziehung** in der Gesellschaft des angehenden 19. Jh. natürlich nicht unproblematisch. Und so sah sich Greiffenegg 1825 genötigt, einen Arzt, der die Affäre öffentlich gemacht hatte, zum Duell zu fordern und zu töten. Das Drama hatte noch eine Fortsetzung: Geplagt von Gewissensbissen nahm Greiffenegg

die Tochter des Arztes auf, die von der Vorgeschichte nichts wusste. Erst viele Jahre später, so sagt man, soll sie davon erfahren und sich daraufhin vom Greiffenegg Schlössle in den Tod gestürzt haben.

1839 ging das Schlössle in den Besitz des **Bierbrauers Schaich** über, seitdem kann man hier **gehobene badisch-alemannische Küche** genießen.

❯ Schloßbergring 3, Stadtbahn 1: Oberlinden, Tel. 32728, www.greiffenegg.de, geöffnet: tägl. 11–24 Uhr, Küche: tägl. 12–14 Uhr und 18–22 Uhr

⓭ Schlossberg ★★★ [F4]

Der Schlossberg war zu Zeiten der Besetzung durch Frankreich im späten 17. Jahrhundert zu einer Sternschanzen-Festung ausgebaut worden. Nach der Schleifung der Festung im Jahr 1744 wurde der vordere Schlossberg nach und nach zu einem Waldpark umgestaltet. Seit einigen Jahren bemüht sich das Kuratorium Freiburger Schlossberg, auch die Ruinen wieder sichtbar zu machen. Zahlreiche Informationstafeln erklären, wie und wo die einzelnen Festungsteile angeordnet waren.

Der Name Schlossberg entstand durch den Bau des sogenannten **Burghaldenschlosses,** das der Zähringer Herzog Berthold II. 1091 direkt über dem heutigen Kanonenplatz errichtete. Die Burg erlebte eine wechselhafte Geschichte mit mehreren Zerstörungen. Heute sind nur noch Trümmer und der alte, der Bergseite zugewandte Halsgraben übrig.

Die vom französischen Baumeister **Sébastien Le Prestre de Vauban** geschaffene **Sternschanzen-Festung,** in die die alte Burg integriert wurde, erstreckte sich über eine beträchtli-

---

KLEINE PAUSE

Kastaniengarten

Im wunderschönen **Biergarten Kastaniengarten** (s. S. 31), wenige Stufen oberhalb des Greiffenegg Schlössle ⓬, kann man auch mit kleinerem Geldbeutel bei **Bier** und **Flammkuchen** den Ausblick über die Stadt und das Dreisamtal genießen. Aufgrund des Zulaufs gelegentlich schwierig, einen Platz zu bekommen.

che Fläche vom Kanonenplatz, der wenige Meter über dem Greiffenegg Schlössle ⑫ liegt, bis zum früher hier existierenden oberen Schloss, dem Château Saint Pierre, auf dem Gipfel des Berges. Heute findet man an der Stelle des Châteaus ein Kreuz zum Gedenken an die über 30.000 Opfer, die Konflikte und Kriege rund um Freiburg und den Schlossberg in knapp drei Jahrhunderten gefordert haben.

Die **Befestigungsanlagen waren gigantisch**, sie umschlossen eine eigene Kirche, Handwerksbetriebe, Lager und Kasernenbauten. Mehrere Tausend Soldaten stellten die ständige Besatzung. Auch der **Höhenunterschied** der Anlage ist beachtlich, der Aufstieg vom Kanonenplatz zum Gipfel hat eine Länge von 120 Metern, vom Münsterplatz aus sind es fast 200 Meter. Der Schlossberg bot damals ein völlig anderes Bild als heute. Wer sich dafür interessiert, dem sei ein Besuch im Museum für Stadtgeschichte ❸ nahegelegt. Dort befindet sich im Untergeschoss ein Modell der Stadt Freiburg um 1700.

Ein Muss ist der Besuch des **mittleren Forts**, des sogenannten **Salzbüchsle**, ca. 15 Minuten oberhalb des Kanonenplatzes. Schon zu Zeiten der französischen Besatzung wurde dieser Ort als Aussichtspunkt genutzt, um nach feindlichen Heeren Ausschau zu halten. Seit dem Jahr 2002 steht hier der **Schlossbergturm**, eine 35 Meter hohe Konstruktion aus Baumstämmen und Stahl. Von der wie ein Vogelnest anmutenden oberen Plattform hat man einen fantastischen 360°-Panoramablick auf die Stadt, das Dreisamtal, die Vogesen und bis zum Feldberg, den mit knapp 1500 m höchsten Berg des Schwarzwaldes.

034fg Abb.: pv

Als Alternative zur Erklimmung des Schlossbergs via Greiffenegg Schlössle bietet sich die **Schlossbergbahn** an. Der im Jahre 2008 eröffnete Schrägfahrstuhl bringt Spaziergänger in drei Minuten von der Talstation im Stadtgarten ㊳ zum Restaurant Dattler (s. S. 27). Von hier hat man ebenfalls einen fabelhaften Ausblick auf die Altstadt und die Rheinebene sowie einen guten Ausgangspunkt, um den Schlossberg zu erkunden.

❯ für den Aufstieg via Greiffenegg Schlössle mit der Stadtbahn 1 bis Oberlinden

● **144** [F3] **Schlossbergbahn,** Talstation im Stadtgarten, Stadtbahn 2: Siegesdenkmal, Bus 27: Stadtgarten, Tel. 13717090, www.schlossberg-bahn. de, täglich 9–22 Uhr, Di. 9–18 Uhr, Nov.–März Di. geschlossen, Einzelfahrt: Erw. 3 €, Kinder 2 €, Berg- und Talfahrt: 5/3,50 €

⌂ *Die Alternative für den Schlossbergaufstieg: Vom Stadtgarten aus geht es mit der Bahn hinauf*

Schneckenvorstadt

Südlich des Augustinerplatzes ⑩ *beginnt die sogenannte Schneckenvorstadt. Es handelt sich hierbei um das einzige außerhalb der ursprünglichen Stadtmauer gelegene Viertel, das nicht dem Ausbau der Stadt zur Festung durch die Franzosen im 17. Jahrhundert zum Opfer fiel. (Vauban verlegte seinen Festungsring erst südlich der Wallstraße und ließ dafür sogar die Dreisam umleiten). Auch den Bombenangriff von 1944 überstand das Quartier zwischen Martins-* ⑱ *und Schwabentor* ⑪ *relativ unbeschadet, sodass hier heute noch viel Ursprüngliches zu finden ist.*

Ihren Namen verdankt die Schneckenvorstadt keineswegs den Tieren, sondern den an den Außenseiten der Häuser angebauten **Wendeltreppen**, die aufgrund der beengten Verhältnisse dazu dienten, in die oberen Stockwerke zu gelangen. In der Nähe des Martinstors soll ein Gasthaus mit einer sehr prägnanten Außenwendeltreppe gestanden haben.

⑭ **Rund um die Insel** ★★★ [E4]

Östlich des Augustinerplatzes gelangt man nach ca. 100 Metern in den schwabentorseitigen Teil der Schneckenvorstadt rund um die Straße Insel und die östliche Gerberau (14).

Die Insel verdankt ihren eigentümlichen Namen der Tatsache, dass sie vermutlich früher vom **Gewerbekanal** und einem weiteren Kanalarm um-

Häusernamen und Pflastersteinmosaike – Zeichen im Stadtbild

*In der Freiburger Altstadt ist die Vergangenheit in vielerlei Hinsicht noch lebendig. Ein auffälliges Überbleibsel sind die zahlreichen **Häuser**, die noch ihre **alten Namen** auf der Fassade tragen. Haus zum Dachs, Haus zum rauen Mann, Haus zum grauen Wolf, Haus zum Walfisch* ㉑ *- die Bezeichnungen sind vielfältig und muten nicht selten exotisch an. Über die Ursprünge ist relativ wenig bekannt, man geht u. a. davon aus, dass die Namen **Aufschluss über die Besitzer** gaben. Auch **Fassadenmalereien**, oft biblischer Motive, gelten als Ursprung der Häusernamen. Auf vielen Häusern findet man die **Jahreszahl 1460**. Dies hängt damit zusammen, dass 1460 erstmals ein Grundbuch eingeführt wurde, in dem jedes Haus erfasst*

wurde - viele Gebäude sind aber zumindest in ihren Grundmauern noch älter.

*Ab dem 16. Jahrhundert waren Häusernamen Vorschrift und dienten dazu, **Besitzstände** klar zu definieren. Die **Hausnummerierung**, die die alten Namen ablöste, wurde mit dem Beitritt Freiburgs zu Baden 1806 eingeführt. Sämtliche Häuser in der Stadt wurden daraufhin mit fortlaufenden Nummern versehen.*

*Eine weitere Besonderheit im Straßen-, bzw. Gehwegbild sind die **mit Rheinkieseln gepflasterten Bürgersteige**. Die bunten Kiesel sind halbiert und mit der glatten Innenseite nach oben zu Mustern zusammengesetzt. Neben der „normalen" Bepflasterung sieht man überall in der Altstadt auf-*

schlossen war. Schon wenige Schritte nach dem Verlassen des Augustinerplatzes hört man das Plätschern des Gewerbekanals, der hier nicht nur recht breit ist, sondern auch mit hoher Geschwindigkeit fließt. Linker Hand befindet sich hinter einem Torbogen der Biergarten der **Traditionsbrauerei Feierling** und nebenan die **Alemannische Bühne** (s. S. 39). Rechter Hand liegt das Restaurant der Brauerei (s. S. 35). Im Kanal, der hier zwischen Gerberau und Insel verläuft, entdeckt der aufmerksame Betrachter **ein Krokodil**. Das Tier namens „Lulu", das hier schon seit 2001 gegen den Strom schwimmt, ist aus Granit und ein Kunstwerk des Berliner Künstlers Ole Meinecke. Es handelt sich um eine Stiftung der so-

035fg Abb.: DV

zial und kulturell engagierten Färberei Himmelsbach.

Malerisch liegt ein weiterer Biergarten direkt am Wasser, den man über eine kleine Brücke erreicht. Das dazugehörige Restauranthotel **Sichelschmiede** (s. S. 128) hat eine der auffälligsten **Rokokofassadenbemalungen** der Stadt. In unmittelbarer Nachbarschaft, wenige Meter kanalaufwärts, befindet sich die denkmalgeschützte **Ölmühle**. Sie wurde in etwa zeitgleich mit der Sichelschmiede errichtet und erhielt ihr Runddach im hugenottischen Stil im frühen 19. Jahrhundert. Eine Ölmühle gab es hier tatsächlich nie. Den irreführenden Namen erhielt das Gebäude durch einen Ölhändler, der im Nachbarhaus „Zum Dachs" eine Ölhandlung besaß. Er nutzte die Wand des Hauses zur Werbung und ließ zu Beginn des 20. Jahrhunderts die Beschriftung „Ölmühle" anbringen. Heute befindet sich in dem Gebäude die Goldschmiede in der Ölmühle (Insel 1a).

❯ Stadtbahn 1: Oberlinden

*fällige Mosaike: **Muster**, **Wappen** und **Zunftzeichen**, gelegentlich auch **Tiere** und **Blumen**, die **Mitra** vor dem Erzbischöflichen Palais, ein **Paragraphenzeichen** vor dem Landgericht. Auch überraschende Abbildungen wie **Zähne** und **Eiswaffeln** geben einen Hinweis darauf, vor welchem Betrieb, Geschäft, Café oder öffentlichen Gebäude man gerade steht. Die aus Frankreich übernommene Stadtverschönerung erlebte in Freiburg im 19. Jahrhundert ihre Blüte. Im Rahmen der Umgestaltung der Altstadt zur verkehrsfreien Zone in den 1970er-Jahren bot sich dann die Chance zur Ausdehnung der bepflasterten Flächen. Handwerksbetriebe und Geschäfte lassen sich noch heute eigene passende Bilder und Zeichen vor die Tür pflastern.*

◬ *Das Krokodil im Gewerbekanal ist ungefährlich, das wissen selbst die Enten*

⓯ Museum
für Neue Kunst ★★ [E4]

Das Museum für Neue Kunst möchte mit den Schwerpunkten Expressionismus, neue Sachlichkeit und Abstraktion der 1950er Jahre einen Akzent in der Kunstszene Südwestdeutschlands setzen.

Es bietet zusätzlich Raum für die Werke von **Julius Bissier,** dem renommiertesten Freiburger Künstler des 20. Jahrhunderts, dessen große künstlerische Bedeutung inzwischen auch im Kunsthandel Anerkennung findet.

Im Jahre 1893 in Freiburg geboren und aufgewachsen, verbrachte Bissier mehr als die Hälfte seines Lebens hier, zog später nach Hagnau am Bodensee und lebte zuletzt in Ascona, wo er im Jahr 1965 verstarb. Werke von ihm hängen unter anderem im Museum of Modern Art in New York. Das Land Baden-Württemberg hat ihn mit dem Titel Professor ausgezeichnet. Auch im Innenhof der Alten Universität ist ein Wandmosaik von ihm zu sehen ㉕.

Unter den in diesem Museum ausgestellten Werken befindet sich als Leihgabe das Bild „Freiburg" von Oskar Kokoschka aus dem Jahr 1964. Es zeigt den Blick hinunter auf den Platz Oberlinden und auf Altstadtdächer, im Hintergrund ist links das Martinstor zu sehen und rechts das vollständige Langhaus des Münsters, dessen Turm aber durch den Bildrand da abgeschnitten ist, wo der Turmhelm beginnt. Der Gemeinderat wollte das Bild erwerben. Als wegen des halbierten Münsterturmes Ablehnung aus der Bevölkerung spürbar wurde, sollten Spendenmittel den Kauf ermöglichen. Auch dies scheiterte letztlich am politischen Widerstand. Typisch für die Freiburger sagen Kenner, doch hat diese hübsche Story, wie sich jetzt zeigt, ihr Happy End gefunden.

> Marienstraße 10a, Stadtbahn 1: Oberlinden, Tel. 2012521, www.freiburg.de/museen, geöffnet: Di.–So. 10–17 Uhr, Eintritt: 3 €/erm. 2 €

⓰ Adelhauser Kloster ★★ [E4]

Nur wenige Meter vom Museum für Neue Kunst ⓯ *entfernt befindet sich das Adelhauser Kloster. Der Vorplatz des ehemaligen Dominikanerinnenklosters, der nur 30 x 30 Meter messende Adelhauser Platz, wird aufgrund seiner ruhigen Lage (es gibt dort kein Café) von vielen Anwohnern geschätzt. Im Sommer laden Schatten spendende Kastanienbäume zum Verweilen ein.*

Das dem Platz zugewandte, **ochsenblutrote Gebäude** geht auf die französische Besatzungszeit im 17. Jahrhundert zurück – im Zweiten Weltkrieg blieb es unversehrt. Die Südflanke des vierflügeligen, um einen Innenhof angeordneten Klosters bildet die **Klosterkirche,** die im Gegensatz zum Kloster heute noch genutzt wird. Der barocke Innenraum ist zum Großteil im Original erhalten. Altar, Kanzel und weitere Elemente der Inneneinrichtung stammen aus den Jahren um 1700. Nördlich und leicht abseits des Hauptkomplexes schließt sich die ehemalige Klosterschule an, in der sich das **Naturmuseum** (s. S. 40) befindet.

Die Ursprünge des **Dominikanerinnenklosters** werden im Dorf Adelhausen vermutet, das schon vor der Stadtgründung südlich der Dreisam auf dem Gebiet des heutigen Stadtteils Wiehre existierte. Nach einer wechselhaften Geschichte wurde

es im Zuge der Vaubanschen Um-
baumaßnahmen in die Stadt um-
gesiedelt und mit anderen Klöstern
zwangsfusioniert. Der aufkommende
säkulare Zeitgeist im 19. Jahrhundert
erschwerte den Betrieb erheblich.
1867 wurde die Klostergemeinschaft
schließlich aufgelöst und die Non-
nen wurden in Rente geschickt. Im
20. Jahrhundert wurden die Gebäude v. a. als Museum genutzt. Heute
sind in dem ehemaligen Kloster Mu-
seums- und Stiftungsverwaltungen
untergebracht.

Der Eingangsbereich der Kirche
kann betreten werden, sodass man
einen Bick hineinwerfen kann. In die
Kirche selbst gelangt man nur sonntags nach dem Gottesdienst.

❯ Das Adelhauser Kloster und die Kloster-
kirche liegen direkt am Adelhauser Platz,
Stadtbahn 2, 3, 5: Holzmarkt,
Stadtbahn 1: Oberlinden.

⑰ Gerberau und Fischerau ★★★ [D4]

*Die Schneckenvorstadt war früher
ein Handwerkerviertel und die Stra-
ßennamen Gerberau, Fischerau und
Metzgerau geben heute noch Aufschluss über die einst dort ansässi-
gen Gewerbe. Es handelte sich dabei
insbesondere um Handwerke mit hohem Wasserbedarf, die sich um den
Gewerbekanal ansiedelten.*

Geht man den Augustinerplatz hinunter und hält sich leicht rechts, trifft
man auf die **Gerberau**. An deren Beginn befindet sich linker Hand das
Naturmuseum (s. S. 40). Es beherbergt Sammlungen der Mineralogie
und Zoologie mit regionaler Ausrichtung. Die wechselnden Sonderausstellungen und pädagogischen Projekte machen das Museum zu einem
beliebten Ausflugsziel für Schulklas-

KLEINE PAUSE

Kaffee am Wasser

⟳**145** [D4] **Altstadt Café**, Gerberau 12, Tel. 30503, geöffnet:
Mo.–Fr. 9–18.30, Sa./So. 10–18
Uhr. Im Sommer kann man die
Fischerau entspannt bei einer
Tasse Kaffee genießen, und zwar
von der Terrasse des Altstadt Cafés
aus, die direkt über den Kanal
gebaut ist.

sen und Familien. Das Naturmuseum
ist im 1856 fertiggestellten Gebäude
der ehemaligen Adelhauser Klosterschule untergebracht.

Im weiteren Verlauf der Gerberau finden sich einige **Galerien und
Kunstläden** und folgt man der Straße bis zu ihrem Ende, befindet sich
rechts in der Kaiser-Joseph-Straße ⑲
das Martinstor ⑱.

Durch die parallel zur Gerber-
au verlaufende **Fischerau** fließt einer der längsten offenen Abschnitte
des **Gewerbekanals**. Wie der Name
schon sagt, waren hier im Mittelalter Fischer ansässig, die jedoch keineswegs im Kanal angelten, sondern
hier ihre Fänge in Körben im Wasser
frisch bzw. am Leben hielten. Nicht
selten gab es Streit zwischen den verschiedenen Gewerken, wie z. B. zwischen den Fischern und den Gerbern.
Wenn letztere ihre giftigen Abwässer
in den Kanal leiteten, bekam das den
Fischen nicht gut. Vermutlich wurde
aus diesem Grund das Schlachthaus,
die Metzig, weit kanalabwärts angesiedelt. Auch die Fischerau wurde in
der Bombennacht 1944 wenig getrof-
fen. Deshalb sind hier noch zahlreiche **alte, denkmalgeschützte Häuser**
zu finden.

❯ Stadtbahn 2, 3, 5: Holzmarkt,
Stadtbahn 1: Oberlinden

036fg Abb.: pv

18 Martinstor ★★★   **[D4]**

Geht man vom Augustinerplatz 10 die Gerberau oder die Fischerau 17 nach Westen, gelangt man nach ca. 200 Metern zum Martinstor. Bei diesem eindrucksvollen Bau aus dem frühen 13. Jahrhundert handelt es sich um das ältere der beiden noch erhaltenen mittelalterlichen Stadttore und mit 62 Metern auch um das höhere.

Seine Höhe wie auch das gotisch anmutende Dach und die Ecktürmchen verdankt es dem ehemaligen Oberbürgermeister **Otto Winterer.** Er war es, der zu Beginn des letzten Jahrhunderts die beiden alten Stadttore einer Generalüberholung und Aufstockung unterziehen ließ und

sie gegen den Willen der modernisierungswilligen Stadtbevölkerung vor dem Abriss bewahrte. Während das Schwabentor 11 wieder zurückgebaut wurde, blieb das Martinstor in seiner Form erhalten.

Seinen jetzigen Namen erhielt das Martinstor erst lange nach seiner Erbauung. Bis in das späte 18. Jahrhundert war es als **Norsinger Tor** bekannt. Genau wie das Schwabentor und auch die anderen heute nicht mehr erhaltenen Stadttore war das Martinstor im Mittelalter Teil der **Stadtmauer.** Auf der Ostseite ist noch ein Rest der Stadtmauer zu sehen, auch die Öffnung in ca. 6 Metern Höhe, die das Tor mit dem Wehrgang verband, ist noch auszumachen. Die **Uhr** stammt aus dem 16. Jahrhundert. Bis in das frühe 21. Jahrhundert war sogar noch das Originaluhrwerk im Einsatz, welches heute im Museum für Stadtgeschichte 3 besichtigt werden kann.

Bis in die 1960er-Jahre schmückte jahrhundertelang ein Bild des heiligen Martin die Torinnenseite, das jedoch im Zuge einer Erneuerung 1968 übergestrichen wurde. Über dem Tor hängt eine **Gedenktafel** zur Erinnerung an die nach der Französischen Revolution formierten Bürgerwehren.

Neben seiner Hauptaufgabe als Teil der Verteidigungsanlagen der Stadt wurde das Martinstor über lange Zeit auch als **Gefängnisturm** benutzt. Im Volksmund hieß es, den Eingekerkerten wurde der „Martinsmantel" umgehängt. Es diente vor allem der Unterbringung von Schuldnern. Die Folterkammer der Stadt befand sich im Christoffeltor, das bis 1704 das nördliche Ende der heutigen Kaiser-Joseph-Straße markierte. Zu Zeiten der Inquisition und der **Hexenverfolgung** wurden dort als Hexen

EXTRATIPP

Markthalle Freiburg

🛏146 [D4] **Markthalle,** Grünwälderstr. 4, www.markthalle-freiburg.de,
Mo.–Do. 8–20, Fr./Sa. 8–24 Uhr,
sonn- u. feiertags geschlossen. In
unmittelbarer Nähe zum Martinstor
liegt die Markthalle. Sie ist sowohl
von dem kurzen Martinsgässle
auf der Südseite als auch von der
Grünwälderstraße (Haupteingang)
her begehbar. In der ehemaligen
Druckerei gibt es heute an vielen
Ständen Kulinarisches aus aller
Welt von Crêpe über Falafel bis
Sushi. Besonders mittags findet
diese Freiburger Institution regen
Zuspruch. Freitag- und Samstag-
abend wird außerdem immer Livemusik geboten.

verdächtigte Frauen eingesperrt, die
nicht selten von Nachbarn diffamiert
und im Anschluss an eine sogenannte „Gerichtsverhandlung" gezwungen
wurden, groteske Hexentaten wie
die Heraufbeschwörung von Unwet-
tern oder den Verkehr mit dem Teufel
zu gestehen. Zur Erinnerung an das
Schicksal der 131 Opfer findet man
an der Ostseite des Martinstors eine
Gedenktafel, auf der stellvertretend
die Namen von drei Frauen genannt
sind, die im ausgehenden 16. Jahrhundert als Hexen gefoltert und hingerichtet wurden.
❯ Stadtbahn 2, 3, 5: Holzmarkt oder
  alle Linien bis Bertoldsbrunnen

◁ *Das Martinstor markiert
das südliche Ende von Freiburgs
Einkaufsmeile*

▷ *Die Markthalle – optimal für
ein schnelles Mittagessen*

⓳ Kaiser-Joseph-Straße und Bertoldsbrunnen ★ [D3]

Das Martinstor ⓲ *stellt den südlichen Eingang zu Freiburgs verkehrs-
beruhigter Innenstadt dar. Es markiert den Beginn der „Einkaufsmeile"
Freiburgs – einen Fußgängerzonen-
abschnitt der Kaiser-Joseph-Straße.*

Hier sind die großen **Kaufhäuser,**
Parfümerien und **Modeketten** dicht
beieinander. Wer die Zeit für einen Einkaufsbummel der konventionellen Art
nutzen möchte, ist hier richtig. Wählt
man den Weg vom Martinstor nach
Norden, stößt man bald auf den **Bertoldsbrunnen** – **Verkehrsknotenpunkt
der Freiburger Innenstadt** und beliebter Treffpunkt der Freiburger Shopper.
Hier halten nicht nur alle Stadtbahnlinien, auch das Fußgängeraufkommen
und vor allem das Fahrradaufkommen
sind immens. Die hohe Anzahl der wild
abgestellten Fahrräder uferte vor einigen Jahren derart aus, dass die Stadt
sich genötigt sah, ein Fahrradparkver-
bot rund um den Bertoldsbrunnen ein-
zuführen, das allerdings durch nahge-
legene „offizielle" Fahrradparkplätze,
zum Beispiel am Martinstor, ausgegli-
chen wurde.

Der Brunnen stammt aus dem Jahr 1965. Nachdem der alte Brunnen im Krieg zerstört worden war, entschied sich die Stadt bewusst für eine moderne Lösung und beauftragte den Künstler und Bildhauer **Nikolaus Röslmeier** mit der Erschaffung eines **abstrakten Reiterdenkmals**. Der unmittelbare Vorgängerbrunnen war 1806 errichtet worden, anlässlich des Beitritts Freiburgs zum Großherzogtum Baden. Ein anderer Brunnen, der Fischbrunnen, stand hier aber schon seit Jahrhunderten.

Bereits im Mittelalter war die Kaiser-Joseph-Straße die **Haupteinkaufsstraße** Freiburgs. Von den Zähringern als Marktstraße angelegt, diente sie über Jahrhunderte dem Austausch von Waren, Tieren, Lebensmitteln und Dienstleistungen. An ihrer Kreuzung mit der alten Handelsroute, der Salzstraße, fand der Fischmarkt statt. Die lebende Ware wurde in dem mittelalterlichen **Fischbrunnen** frisch gehalten. Zu Beginn des 19. Jahrhunderts wurde der Fischbrunnen versetzt und ist heute als Kopie auf dem Münsterplatz ❷ zu sehen.

Die Kaiser-Joseph-Straße bekam ihren Namen erst, nachdem Kaiser Joseph II. 1777 hier genächtigt hatte. Vorher war sie profan als „Große Gass" bekannt. Im **Zweiten Weltkrieg** wurde auch sie stark in Mitleidenschaft gezogen, im Gegensatz zu anderen Bereichen der Altstadt wie der Konviktstraße wurde hier aber der Wiederaufbau schnellstmöglich und pragmatisch in Angriff genommen. Wohn- und Geschäftsräume wurden in der zerstörten Stadt dringend benötigt. Die Geschwindigkeit, mit der gearbeitet wurde, ist unübersehbar. Im Wesentlichen unspektakulär im Stil der 1950er-Jahre gehalten, sind die Arkaden, die den meisten Gebäu-

den vorgelagert sind, das einzige innovative, architektonische Element der neuen „Kajo".

Die Kaiser-Joseph-Straße endet im Norden am **Friedrichring** unweit des Siegesdenkmals, der obligatorischen Würdigung des Sieges Deutschlands im Krieg gegen Frankreich 1870/71, die in fast jeder deutschen Stadt zu finden ist.

❯ Stadtbahn: Bertoldsbrunnen

⑳ Basler Hof ★   [E3]

Am Nordostende der Kaiser-Joseph-Straße ⑲ sticht aus dem architektonischen Einerlei der 1950er-Jahre der Basler Hof hervor. Dieser im **ausgehenden 15. Jahrhundert errichtete Renaissancebau** wurde im Zweiten Weltkrieg ebenfalls beschädigt, beim Wiederaufbau wurde jedoch die **historische Fassade rekonstruiert** und die noch erhaltene mittelalterliche Bausubstanz integriert.

Der Basler Hof war ursprünglich einer der größten innerstädtischen **Adelshöfe**. Seinen Namen hat das Haus allerdings aus der Zeit, in der das **Basler Domkapitel** während der Reformation in der Schweiz in Freiburg Zuflucht vor der Verfolgung suchte. Die katholischen Kirchenherren hatten nach ihrer Vertreibung aus Basel mit der Stadt Freiburg verschiedene Verträge bezüglich ihrer Eingliederung in die Stadt geschlossen und das Gebäude erworben. Mit der Übernahme Freiburgs durch die Franzosen 1677 war ihr Aufenthalt jedoch beendet. Das Basler Domka-

▷ *Das Haus zum Walfisch hat eine der schönsten Fassaden der Stadt*

pitel musste die Stadt verlassen und das Gebäude wurde teils militärisch, teils für die Verwaltung und Politik genutzt. Heute ist es **Sitz des südbadischen Regierungspräsidiums.**

❯ Stadtbahn: Bertoldsbrunnen oder Siegesdenkmal

㉑ Haus zum Walfisch ★★ [E3]

Gegenüber von St. Martin, auf der Nordseite der Franziskanerstraße, befindet sich das Haus zum Walfisch, eine **Perle der Spätgotik.** Es wurde, wie so oft in Freiburg, unter Zusammenlegung mehrerer Häuser zu Beginn des 16. Jahrhunderts von Jakob Villinger, dem Schatzmeister des Kaisers Maximilian I., errichtet. Bekanntheit erlangte es vor allem dadurch, dass es kurze Zeit die Heimat von **Erasmus von Rotterdam** war. Der bedeutende Humanist, der der katholischen Kirche zwar kritisch gegenüberstand, den Weg von Luther und Zwingli aber grundsätzlich ablehnte, entschied sich 1529 zur Blüte-

zeit der Reformation, aus Basel ins katholische Freiburg überzusiedeln. Dort lebte er bis kurz vor seinem Tod insgesamt sechs Jahre lang. Im Haus zum Walfisch wohnte er allerdings nur zwei Jahre, dann wurde er vom Eigentümer, dem zweiten Mann der Witwe Villingers, hinausgeworfen, da dieser das Haus verkaufen wollte.

Geht man die Franziskanergasse hinauf, fällt schon von Weitem das prächtige **Portal** des **dunkelroten Gebäudes** ins Auge. In das von einem reichverzierten Erker überragte und im zweiten Geschoss von einem Balkon abgeschlossene Haupttor sind die **Wappen Habsburgs** und **Freiburgs** integriert. Die dem Kartoffelmarkt zugewandte **Rückseite** des Gebäudes ist ebenfalls sehenswert. Sie wird vom zweistöckigen (1911 rekonstruierten) **Treppenturm** und einem aufwendig verzierten Portal dominiert. Das Haus zum Walfisch und die angrenzenden Gebäude sind heute Sitz der Städtischen Sparkasse.

❯ Stadtbahn: Bertoldsbrunnen

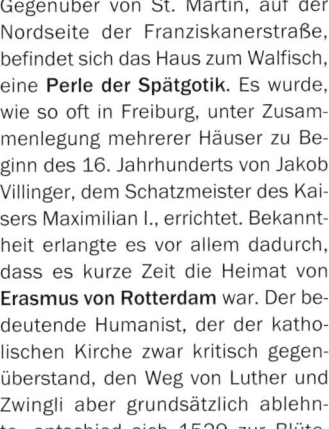

038fg Abb.: wb

㉒ Altes Rathaus ★★ [D3]

Nur einen Block von der alten Universität entfernt trifft man auf den Rathausplatz, an dem sich die beiden Rathäuser der Stadt befinden – rechts das Alte, links das Neue. Die Gebäude sind durch einen Steg über der Turmstraße verbunden, im Volksmund auch „die höhere Beamtenlaufbahn" genannt.

Das **tiefrot gestrichene Alte Rathaus** geht in seinen Ursprüngen auf das 13. Jahrhundert zurück, als an dieser Stelle von der Stadt zunächst ein Gebäude erworben wurde, um dem Stadtschreiber ein Dach über dem Kopf zu geben. Mit dem Wachstum des mittelalterlichen Verwaltungsapparats wurde mehr Platz notwendig und so erweiterte man den Komplex durch die Zusammenlegung mit den angrenzenden Häusern im 16. Jahrhundert auf die heutige Größe. Davon zeugen heute noch die **drei Portale**. Das größte, heute der Eingang zur **Tourist Information** (s. S. 119), weist stark barocke Züge auf. Die Portale sind allerdings nicht original, sondern in den 1950er-Jahren nach altem Vorbild wieder aufgebaut worden, nachdem das Alte Rathaus im **Zweiten Weltkrieg** bis auf die Grundmauern niedergebrannt war. Nicht erneuert wurde die Fassadenmalerei mit Motiven der Stadtgeschichte, die das Gebäude jahrhun-

dertelang zierte. Der jetzige einfarbige, rote Anstrich soll an die Technik aus dem Mittelalter erinnern, Gebäude mit einer Ochsenblutmischung zu streichen.

❯ Stadtbahn: Bertoldsbrunnen

㉓ Neues Rathaus ★★ [D3]

Das Neue Rathaus überstand den Krieg im Gegensatz zu seinem Nachbarn unversehrt und zeigt heute noch die Originalansicht aus dem späten 19. Jahrhundert. Erbaut wurde es allerdings bereits im **16. Jahrhundert** von **Joachim Schiller zu Herdern**, einem Freiburger Arzt. Nachdem dieser für das französische Heer tätig gewesen war – zu Zeiten des Heiligen Römischen Reiches streng verboten –, wurde es ihm abgenommen und fiel damals noch als Doppelhaus und ohne den verbindenden Mittelteil zunächst an die **Universität** und wurde als Kollegium, Hörsaal für die Anatomie und später auch als Poliklinik genutzt.

Nach dem Auszug der Mediziner im ausgehenden 19. Jahrhundert erwarb die Stadt Freiburg das Anwesen und fügte den **Verbindungsflügel** hinzu, in dem sich der **Rathaussaal** befindet. Erwähnenswert ist das im **Glockentürmchen** eingebaute **Glockenspiel**. Im Jahre 1898 von im Bereich der mechanischen Musikinstrumente weltbekannten Firma **Welte und Söhne** konstruiert, erklingt es täglich zur Mittagszeit. Das Repertoire ist vielfältig, die unterschiedlichen Melodien können durch den Austausch von eigens angefertigten Lochstreifen gewählt werden.

Im Neuen Rathaus befindet sich heute unter anderem das **Standesamt**. Häufig stehen gleich drei Hochzeitsgesellschaften vor der maleri-

▷ *Verschnaufpause in einem Straßencafé auf dem Rathausplatz*

039fg Abb.: bb

schen Kulisse, die entweder noch auf den großen Augenblick warten oder die Zeremonie bereits hinter sich haben und zum Sekt übergegangen sind.

Der Großteil der Stadtverwaltung ist in Neubauten zwischen Gauch- und Turmstraße hinter dem Alten Rathaus untergebracht. Hier befindet sich auch **die Gerichtslaube, das älteste der Freiburger Verwaltungsgebäude** mit Ursprüngen im 13. Jahrhundert. Gericht gehalten wurde hier allerdings erst rund dreihundert Jahre später. Vorher war der Sitz der Jurisdiktion auf der „Große Gass", der heutigen Kaiser-Joseph-Straße. Die Verhandlungen waren öffentlich und für alle frei zugänglich. Ihren ersten

bedeutenden Einsatz hatte die Gerichtslaube 1497, als sie den von König Maximilian einberufenen Reichstag beherbergte. Sie wurde für diesen Anlass allerdings als unzureichend und zu klein empfunden.

❯ Stadtbahn: Bertoldsbrunnen

EXTRATIPP

Freiburger Fasnetmuseum
Schräg gegenüber der Gerichtslaube, auf der anderen Seite der Turmstraße, befindet sich das **Freiburger Fasnetmuseum** (s. S. 40). Hier sind zahlreiche Kostüme, Masken und weitere Exponate zur Geschichte der Freiburger Fastnacht ausgestellt.

㉔ **Rathausplatz und Franziskanerkloster** ★★★ [D3]

Der Rathausplatz, ehemals Franziskanerplatz genannt, wurde 1845 angelegt und ist damit relativ jung. Ursprünglich stand hier ein Großteil des Kreuzgangs des den Platz im Norden und Osten einrahmenden Franziskanerklosters. Die Namensänderung des Platzes erfolgte erst 1933 durch die Nationalsozialisten als Ausdruck der vorherrschenden antikirchlichen Stimmung.

Die Grundsteine des Klosters wurden bereits im frühen 13. Jahrhundert gelegt, nur wenige Jahre nach der Gründung des **Franziskanerordens** durch Franz von Assisi. Die auch als „Barfüßerorden" bekannte Bruderschaft wurde durch die Schenkung einer innerstädtischen Kapelle durch Graf Konrad von Freiburg im Jahre 1246 in die Stadt geholt. Der Ausbau zum **Kloster** mit der Klosterkirche St. Martin erfolgte direkt im Anschluss mit päpstlicher Unterstützung und war Mitte des 14. Jahrhunderts abgeschlossen. Der Orden selbst, dem die Aneignung weltlicher Güter untersagt war, wurde von der Bürgerschaft und dem Stadtadel unterhalten. Im Gegenzug leisteten die Franziskaner **Seelsorge** und stellten **Grabstätten** zur Verfügung.

Das Kloster und vor allem die an der Nordseite des Platzes gelegene **Klosterkirche** wurden im Laufe der Jahrhunderte immer wieder im Baustil angepasst. Aufgrund der verheerenden Zerstörungen im Dreißigjährigen Krieg fand im Zuge der Instandsetzungsarbeiten eine Barockisierung der ursprünglich gotischen Kirche St. Martin mit Stuckelementen und farbigen Kirchenfenstern statt. Ende des 19. Jahrhunderts folgte dann eine radikale Rückkehr zum gotischen Stil, in deren Zuge auch der **Turm** errichtet wurde. Das **Hauptportal**, welches von der Jungfrau Maria zwischen Franz von Assisi und dem Franziskaner Antonius von Padua gekrönt ist, blieb jedoch in der barocken Gestaltung aus dem Jahre 1719 erhalten. Es steht im Kontrast zu der ansonsten im nüchternen Stil der Bettelmönche gehaltenen Kirche.

In der Zeit nach dem Zweiten Weltkrieg wurde der Innenraum der ausgebrannten Kirche wieder im eher schmucklosen Stil der Franziskaner hergerichtet. Ein Blick ins **Innere** der nach dem Münster ❶ zweitältesten Kirche Freiburgs ist dennoch empfehlenswert. Insbesondere das mittelalterliche **Wandmalereifragment** der ältesten Ansicht Freiburgs im rechten Seitenschiff, das 1975 aus dem Münster hierher gebracht wurde, ist sehenswert.

Der berühmteste Ordensbruder der Franziskaner war zweifellos **Bertold Schwarz**. Von ihm wird behauptet, er habe im Jahre 1353 durch einen Zufall das **Schwarzpulver** erfunden. Angeblich hatte der als Alchemist tätige Mönch eine explosive Mischung aus Schwefel, Salpeter und Holzkohle im Mörser zerstoßen und auf dem Ofen stehen lassen, was zu einer unerwarteten Explosion führte. Die Meinungen über die Plausibilität dieser Legende gehen weit auseinander, auch ist heute die gängige Auffassung, dass die Chinesen bereits 300 Jahre vorher Schwarzpulver einsetzten. Nichtsdestotrotz wird Bertold Schwarz in Freiburg mit einem **Denkmal** geehrt. Auf dem Brunnen mitten auf dem Rathausplatz steht er in sinnierender Pose.

Die Franziskaner mussten das Kloster im 18. Jahrhundert räumen,

Freiburger Weihnachtsmarkt

Rund um Rathausplatz und Franziskanerkloster **24** findet jedes Jahr der Weihnachtsmarkt statt. Der überregional bekannte Markt ist aufgrund des malerischen Ambientes zu einem **Touristenmagneten** geworden. Nicht nur die Nachbarn aus der Schweiz und Frankreich, sondern auch Engländer und Niederländer kommen jedes Jahr in Scharen in der Vorweihnachtszeit in die Stadt, um **einen der schönsten deutschen Weihnachtsmärkte** zu besuchen. **Handwerkskunst** aus der Region, **Spezialitäten** aus dem Schwarzwald und am Wochenende **Handarbeit** aus den sozialen Freiburger Einrichtungen begeistern alle Jahre wieder die Besucher.

❯ Infos unter www.weihnachtsmarkt-freiburg.de

die ehemalige Klosterkirche ist seitdem die Pfarrkirche der Pfarrei St. Martin und für Besucher ebenso wie der Kreuzgang tagsüber frei zugänglich. In den übrigen Gebäuden des Klosters sind heute einige Dominikanermönche sowie die Büroräume der Pfarrei untergebracht.

❯ **St. Martin,** ehemalige Kirche des Franziskanerklosters, Rathausgasse 3, Stadtbahn: Bertoldsbrunnen

25 Alte Universität ★★ [D3]

Nördlich der neuen Universität **26**, auf der anderen Seite der Bertoldstraße, befinden sich die **alte Universität** und **die alte Universitätskirche.** Der Komplex geht auf die Zusammenlegung mehrerer alter Kollegiengebäude, sogenannter Bursen, im frühen 17. Jahrhundert zurück. Damals hatten sich die **Jesuiten** in der Stadt angesiedelt, da sie hier in einer Zeit, die ansonsten von der Reformation geprägt war, ein freundliches Klima vorfanden. 1620 bekam der Orden auf Betreiben der katholischen Landesherren die Leitung der Theologischen und Philosophischen Fakultät übertragen, fast 60 Jahre später wurden ihm die Gebäude an der heutigen Bertoldstraße zugesprochen und er errichtete nach eigenen Plänen die **Universitätskirche.**

Die einschiffige Kirche wurde 1704 fertiggestellt. Das Innere war im Stil der Zeit mit äußerst opulenten Stuckarbeiten an Wänden und Decke verziert, ein großer Teil wurde jedoch im Krieg zerstört und beim Wiederaufbau nicht erneuert. Der neue Innenraum ist komplett in weiß gehalten. Er wird heute von einem gewaltigen **modernen Kruzifix** von Franz Gutmann aus dem Jahre 1985 dominiert, welches in dem reduziert anmutenden Ambiente mit großer Wucht zur Geltung kommt und einen Besuch lohnt.

Der **Innenhof** des alten Kollegs ist sehenswert und mit seinen alten Bäumen eine kleine Oase in der lebhaften Altstadt. Am besten kommt man hier im Sommer zu einem der zahlreichen Konzerte, für die der Hof heute genutzt wird. Im Zugang von der Bertoldstraße hängt rechter Hand das große, sehenswerte **Wandmosaik** von Julius Bissier (s. S. 86).

Auch das eigentliche Jesuitenkolleg wurde im Krieg fast vollständig zerstört, von der Orginal-Barockstruktur blieb nichts übrig. Das wieder aufgebaute Gebäude an der Bertoldstraße ist heute Heimat des **Uniseums** (s. S. 41), einer kleinen Ausstellung zur Geschichte der Universität.

❯ Stadtbahn 1, 3, 5: Stadttheater oder alle Linien bis Bertoldsbrunnen

040fg Abb.: pv

⓯ **Neue Universität** ★★ [D4]

Der innerstädtische Universitätscampus mit seinen vier großen Kollegiengebäuden umfasst die geisteswissenschaftlichen Fakultäten, also die Sprachen, Philosophie und Theologie sowie die Rechtswissenschaften. Er befindet sich zwischen Niemens-, Bertoldt- und Rempartstraße sowie dem Rotteckring.

Die beiden jüngeren Bauten, **Kollegiengebäude II und III**, stammen aus den 1950er- und 1960er-Jahren. Nach dem Krieg erfuhr die Universität eine massive bauliche Erweiterung, auch die Mensa (1957) südlich der Rempartstraße und die Universitätsbibliothek (1978) westlich des Rotteckrings fallen in diese Phase der Expansion, deren Beginn mit der 500-Jahrfeier der Universität im Jahr 1957 zusammenfällt. Die **Universitätsbibliothek** war 30 Jahre nach ihrer Erbauung bereits wieder sanierungsbedürftig und wurde dann aus stadtplanerischen Gründen sogar bis auf das Stahl- und Betonskelett geradezu „seziert". Bis 2013 soll sie sich nun mit einer transparenten Glas-Aluminium-Fassade und verändertem Innenleben präsentieren.

Schräg gegenüber der Universitätsbibliothek befindet sich das **Kollegiengebäude II**, ein gewaltiger, H-förmiger Kubus, der die westliche Bertoldstraße dominiert. Hier befindet sich das Audimax. Nur wenige Jahre später wurde als Verbindung zum sich südlich befindenden Kollegiengebäude I das **Kollegiengebäude III** errichtet. Es ist ebenfalls ein Kind der klassischen Moderne. Zwischen den beiden Gebäuden befindet sich der Peterhof, ein im Krieg zerstörtes und 1960 von der Universität im ursprünglichen Stil wieder aufgebautes ehemaliges Kloster.

Die Perle des innerstädtischen Campus ist jedoch ohne Zweifel das **Kollegiengebäude I**. Das 1911 fertiggestellte Herzstück der Freiburger Universität ist eines der bekanntesten und schönsten Beispiele deutscher **Jugendstilbaukunst**. Dabei sahen die Pläne ursprünglich ganz anders aus. Den ausgeschriebenen Architektenwettbewerb gewann der Karlsruher Friedrich Ratzel mit seinem konservativen Entwurf im Stile einer „maßvollen deutschen Spätrenaissance". Die Wende zum Jugendstil ist dem Architekten **Hermann Billing** zu verdanken. Dieser wurde 1907 beauftragt, das von Ratzel begonnene Werk zu vollenden. Obwohl die Pläne Billings in der Stadt zunächst auf Widerstand stießen und er auch starke Auflagen zu erfüllen hatte – das Fundament lag schon, auch war die grundsätzliche Baukörperstruktur Ratzels einzuhalten – gelang es ihm mit viel Engagement und Rückenwind aus dem Kultusministerium, seine Ideen umzusetzen.

Auffälligste Bestandteile des Sandsteinbaus sind der hufeisenförmige Hörsaal an der Südfront sowie der alles überragende Turm, in dessen Dachgeschoss zunächst der Karzer untergebracht war.

Vor dem Haupteingang im Süden weisen die vom Bildhauer Cipri Adolf 1915 geschaffenen **Skulpturen des Philosophen Aristoteles** und des **Dichters Homer**, im Freiburger Volksmund auch „Max und Moritz" genannt, darauf hin, dass hier die Philosophische Fakultät ihren Platz hat. Überraschend und nicht nur in Studentenkreisen heftig kritisiert ist die unter dem bedeutenden Philosophen, damaligen Universitätsrektor und NSDAP-Mitglied **Martin Heidegger** über dem Portal angebrachte

Inschrift „Dem ewigen Deutschtum" aus dem Jahre 1933. Sie wird zwar seit 1945 nicht mehr vergoldet, dass sie aber nie entfernt wurde, spiegelt den schwierigen Umgang der Freiburger Universität mit ihrem Star wider.

Gegenüber dem Hauptportal befindet sich das **Kollegiengebäude IV** (Rempartstraße 15), das aufgrund einer Notsituation entstanden ist: Am Ende des 19. Jahrhunderts hatte der Buchbestand der Universität ein derartiges Ausmaß angenommen, dass dringend ein zentrales Bibliotheksgebäude benötigt wurde. Bis zur Einweihung der neuen Universitätsbibliothek am Rotteckring im Jahr 1979 erfüllte der Bau diese Aufgabe. Danach wurde er in das Kollegiengebäude IV umgewandelt, welches Teile der Philosophischen Fakultät und der Philologie beherbergte. Seit 2008 stehen hier allerdings für die Dauer des Umbaus der neuen Bibliothek wieder Bücher.

> **Albert-Ludwigs-Universität Freiburg,**
> Kollegiengebäude I und III, Platz der
> Universität 3, Kollegiengebäude II, Platz
> der alten Synagoge, Stadtbahn 1, 3, 5:
> Stadttheater, www.uni-freiburg.de

◁ *Der Monumentalbau
des Kollegiengebäudes II
der Neuen Universität*

Entlang des Rotteckrings

Der Rotteckring begrenzt im Westen den mittelalterlichen Teil der Altstadt. Das Areal rund um diese Verkehrsachse, vom Platz der alten Synagoge zwischen Stadttheater und Universität im Süden bis zum Fahnenbergplatz im Norden, ist Schauplatz eines ehrgeizigen städtebaulichen Umbaus, der von 2012 bis 2018 durchgeführt wird. Der Rotteckring soll dabei als vierspurige Trennlinie zwischen Altstadt und westlicher Innenstadt verschwinden und in eine Fußgängerzone verwandelt werden. Außerdem wird eine neue Stadtbahnstrecke den Anschluss an den öffentlichen Nahverkehr bilden. Das Bahnhofsviertel rückt dadurch näher an die Altstadt, der samstägliche Stau durch die Einkaufslustigen wird auf den Bismarckring verlegt und die Situation in der oftmals überfüllten Altstadt soll sich entspannen.

㉗ Colombischlössle ★★★ [C2]

Eines der architektonisch interessantesten Gebäude Freiburgs, das Colombischlössle, befindet sich direkt am Rotteckring. Die auf der Ruine einer Bastion des Vaubanschen Verteidigungsrings erbaute herrschaftliche Villa wurde Mitte des 19. Jahrhunderts im neugotischen Stil, einer aus England herübergeschwappten Modeerscheinung, erbaut.

Das Colombischlössle ist von einem kleinen, schon bald nach der Schleifung des Festungsringes entstandenen Park umgeben. Direkt angrenzend gibt es einen kleinen **Weinberg**, letztes Rückzugsgebiet der nach der Sprengung der Vaubanschen Festungsanlagen auf den Trümmern angepflanzten „Ruinen-Reben". Das Grundstück wurde 1858 von der Bauherrin, Gräfin Colombi y

041fg Abb.: bb

de Bode, als idealer Ort für den Bau ihrer als Alterssitz geplanten Villa erworben. Sie lebte hier allerdings nur zwei Jahre bis zu ihrem Tod und auch ihre Tochter hatte nicht mehr viel von der geerbten Stadtvilla. Sie starb kurze Zeit später, am Vorabend ihrer Hochzeit, an einer Lebensmittelvergiftung und spukt angeblich seitdem als **Gespenst im Brautkleid** auf dem Anwesen.

Ab dem 19. Jahrhundert wurde das Gebäude vielfältig genutzt. Nicht zuletzt war es auch schon Sitz eines **Staatspräsidenten**, als in den Jahren nach dem Zweiten Weltkrieg ein Land Baden existierte, dessen Regierungssitz Freiburg war und dessen Regierung von Leo Wohleb geführt wurde. Das Colombischlössle ist heute Heimat des **Archäologischen Museums** und bietet „eine Reise durch die Jahrtausende" von der Altsteinzeit bis ins Mittelalter. Unter anderem zeigt das Museum kostbare Funde aus keltischen Fürstengräbern und hat eine Römerabteilung. Auch eine alemannische Schatzkammer ist zu sehen.

❯ **Archäologisches Museum Colombischlössle**, Rotteckring 5, Stadtbahn 1, 3, 5: Stadttheater, Tel. 2012571, www. freiburg.de/museen, geöffnet: Di.–So. 10–17 Uhr, Eintritt: 3 €/erm. 2 €

㉘ Stadttheater ★★ **[C3]**

Nach einem nur kurzen Fußmarsch entlang des Rotteckrings nach Süden stößt man auf das Stadttheater, ein weiteres Zeugnis der Bauboomphase unter Oberbürgermeister **Otto Winterer** Anfang des 20. Jahrhunderts. Dieser hatte nicht nur die Schaffung einer **modernen Infrastruktur** in Freiburg forciert, sondern war auch engagierter **Förderer der Kultur**. Bereits 1896 stieß er den Neubau des

bis dahin im Augustinerkloster beheimateten Stadttheaters an. Als Bauplatz wurde nach langer Suche eine ehemalige Bastion des Vaubanschen Verteidigungsrings gewählt. Eine bereits dort befindliche Villa und weitere anliegende Gebäude riss man ab, um Platz zu schaffen für **eines der damals größten Theater Deutschlands.** Es wurde im Neobarockstil errichtet und sowohl innen als auch außen mit Dekorationselementen und Skulpturen im Jugendstil bestückt. Die feierliche Eröffnung fand 1910 statt.

Obwohl das Theater im Zweiten Weltkrieg stark zerstört wurde, konnte bereits 1949 der Spielbetrieb wieder aufgenommen werden. Dies war maßgeblich ein Verdienst des damaligen Oberbürgermeisters **Wolfgang Hoffmann,** der seinerzeit mit viel Energie und persönlichem Einsatz den zügigen Wiederaufbau vorantrieb. Als großartiger Pianist, der er selbst war, spielte er zusammen mit dem philharmonischen Orchester im Rahmen von Benefizklavierkonzerten insgesamt 120.000 DM ein.

Vier Bühnen (Großes und Kleines Haus, Kammerbühne und Werkraum) sind unter dem Dach des Stadttheaters vereint. Es ist ein **Dreispartenhaus**, d. h., es bietet seinem Publikum Schauspiel, Oper und Ballett. Manche Inszenierungen wie z. B. die Aufführung des Ringzyklus von Richard Wagner aus dem Jahr 2010 finden weit über die Region hinausgehende Beachtung. Der Werkraum dient als Labor für junges Nachwuchstheater, dessen Förderung das Stadttheater in zahlreichen Projekten betreibt.

◁ *Im Colombipark kann man nach dem Besuch des Archäologischen Museums noch verweilen*

Ab den 1950er-Jahren waren im Stadttheater auch zwei Kinos, „Kamera" und „Kurbel", untergebracht, die in den 1980er-Jahren zu einem Ensemble von sieben Kinosälen ausgebaut wurden. Nach Ablauf des Pachtvertrages zogen die Kinos 1994 aus, in den Sälen sind heute die beiden kleinen Bühnen untergebracht. Auf der Rückseite des Stadttheaters wurde in den 1990er-Jahren ein Anbau errichtet, in dem das Freiburger Cinemaxx (s. S. 38) vorwiegend Kost aus Hollywood präsentiert.

❯ Bertoldstraße 46, Stadtbahn 1, 3, 5: Stadttheater, Tel. 2012853, www.theater.freiburg.de

㉙ Hauptbahnhof ★ [B2]

Der Freiburger Hauptbahnhof befindet sich am westlichen Rand der Innenstadt. Als in der ersten Hälfte des 19. Jahrhunderts die **Eisenbahn ihren Siegeszug** antrat, war zunächst gar nicht klar, ob Freiburg davon profitieren würde. Eine Anbindung der Stadt an die badische Hauptbahn zwischen Mannheim und Basel war ursprünglich nicht vorgesehen und wurde erst spät im Planungsprozess festgeschrieben. An dieser Entscheidung maßgeblich beteiligt war der liberale Historiker und Politiker **Karl von Rotteck**, Namensgeber des Rotteckrings, der im Jahr 1835 im Badischen Landtag auf eine verbindliche **Anbindung Freiburgs** drängte.

Der Bahnhof selbst wurde wieder einmal auf den Überresten des Vaubanschen Verteidigungsringes errichtet und 1845 eröffnet. Der sofort einsetzende, rege **Personen- und Güterverkehr** läutete ein neues Zeitalter für Freiburg ein. So wurde nicht nur die Verbindung nach Offenburg per Postkutsche eingestellt, der Bahnanschluss markierte auch den ersten Schritt einer Entwicklung Freiburgs zur modernen Großstadt, die unter Otto Winterer gegen Ende des 19. Jahrhunderts mit dem Bau vielfältiger Infrastrukturprojekte ihren Höhepunkt fand.

Das alte Bahnhofsgebäude, zum Zeitpunkt der Fertigstellung das größte Badens, wurde **1945 massiv beschädigt** und nach dem Zweiten Weltkrieg zunächst als Provisorium mit geringstmöglichem Aufwand wieder hergestellt. Erst 1999 begann der **Bau des heutigen Bahnhofs**, eines sechsstöckigen Gebäudes mit Glasfassade, das sich über fast 300 Meter entlang der Bismarckallee erstreckt. Das Hauptgebäude wird von **zwei Bürotürmen** überragt. Der höhere der beiden ist mit 66 m nach dem Münster das höchste Gebäude der Stadt. Am nördlichen Ende des Bahnhofs befindet sich das Planetarium, das ein regelmäßig wechselndes Programm für Kinder und Erwachsene bietet.

❯ Bismarckallee 5–7, Stadtbahn 1, 3, 5: Hauptbahnhof
★147 [C2] **Planetarium**, Bismarckallee 7g, Tel. 3890630, www.planetarium-freiburg.de, Eintritt: 6 €/erm. 4 €

㉚ Konzerthaus ★ ★ ★ [B3]

Auf der anderen Seite der Bismarckallee befindet sich das vom Berliner Architekten Dietrich Bangert konzipierte Konzerthaus Freiburg. Bereits lange vor seiner Eröffnung im Jahr 1996 spaltete der **architektonisch herausragende Bau** die Lager in Pro und Kontra, heute ist das Konzerthaus eine bundesweite Attraktion. Die unter dem riesigen Vordach des Eingangsbereichs filigran wirkenden Säulen geben dem Bau eine Leichtig-

keit, die sich hinter der 20 Meter hohen Glasfront im Foyer fortsetzt.

Das Freiburger Konzerthaus ist ein
**Multifunktionsbau mit einzigartiger
Technik.** Teile des großen Saals lassen sich hydraulisch bewegen, das
Parkett kann angehoben werden, sodass ein großer Raum für Kongresse
und offizielle Feierlichkeiten entsteht.
Das Gebäude wird – zumindest bis zu
der in Freiburg schwer umstrittenen
Umsiedlung nach Stuttgart im Jahr
2016 – vor allem vom **SWR-Sinfonie-
orchester** genutzt, beherbergt aber
des Öfteren auch Gastspiele.

› Konrad-Adenauer-Platz 1, Stadtbahn
1, 3, 5: Hauptbahnhof, Tel. 38812150,
www.konzerthaus.freiburg.de

31 Im Grün
und Breisacher Tor ★★   [B4]

Zwischen Konzerthaus und Dreisam
markiert der Stadtteil Im Grün den
südwestlichen Abschnitt der Innenstadt. Dieser nur wenige Straßenzüge
umfassende Bereich war früher eine
Dreisamaue und wurde später von
Vauban teilweise mit den vorgelager-
ten Festungsanlagen überbaut. Hier
befindet sich das dritte der drei noch
erhaltenen Stadttore. Es handelt sich
um das auf die Franzosen zurückgehende **barocke Breisacher Tor** in der
Rempartstraße. Nach der Schleifung
der Festungsanlage blieb das Tor
weiterhin in Betrieb. Es wurde einige
Male erweitert und umgebaut bis es
Anfang des 20. Jh. stark verkleinert
wurde und seine Torfunktion verlor.

Der **Stadtteil Im Grün** war in den
1980er-Jahren ein **Zentrum der Freiburger Hausbesetzerszene.** Das im
19. Jahrhundert industrialisierte Areal stand nach 1945 weitestgehend
leer. Im Laufe der Zeit eigneten sich
alternative Handwerker und Bewohner die leerstehenden Gebäude und
Werkstätten an. Als das Gelände ab-
gerissen und neu bebaut werden sollte, formierte sich massiver, teilweise
militanter Widerstand. Der Konflikt

*⌃ Das Konzerthaus Freiburg – nicht
nur architektonisch eindrucksvoll*

konnte nur durch die Intervention der Stadt gelöst werden, die die umkämpften Liegenschaften aufkaufte und an die Bewohner verpachtete. Verschiedene **Klubs** des Stadtteils wie das Crash (s. S. 36), das Jos Fritz Café (s. S. 37) und auch das Jazzhaus (s. S. 37) gehen auf diese bewegten Zeiten zurück.

❯ Stadtbahn 1, 3, 5: Hauptbahnhof oder Stadtbahn 2, 3, 5: Holzmarkt

Der Freiburger Süden

Südlich der Altstadt, zwischen Dreisam, Stadtwald und Schlierberg, liegt der Stadtteil Wiehre. Obwohl bereits 1825 eingemeindet, bestand das Gebiet noch um 1850 im Wesentlichen aus Feldern. Erst mit dem wirtschaftlichen Aufschwung in der zweiten Hälfte des 19. Jahrhunderts und besonders ab der Ära Otto Winterer, der von 1888 bis 1913 Oberbürgermeister war, erfuhr „die Wiehre" einen Bauboom. Nicht wenige betuchte Pensionäre errichteten hier ihren Altersruhesitz. Der Anteil der Bürgerhäuser ist groß und insbesondere am Lorettoberg stehen zahlreiche Stadtvillen.

Da der Stadtteil im Krieg kaum in Mitleidenschaft gezogen wurde, ist der Großteil der gründerzeitlichen Bausubstanz noch erhalten. Die Wiehre bildet heute eines der größten zusammenhängenden **Gründerzeitwohngebiete** *in Deutschland. Und so ist es kaum verwunderlich, dass das Quartier heute zu einer der populärsten Wohngegenden Freiburgs gehört. Zur Wiehre gehört aber auch die* **Knopfhäusle-Siedlung** *mit 110 Wohnungen, die der Knopffabrikant Risler zwischen 1868 und 1886 am Rande des Alten Messplatzes in* der Schwarzwaldstraße für seine Fabrikarbeiter errichten ließ. Es handelt sich hierbei um eines der ältesten Arbeiterviertel der Region und eines der ersten Beispiele „sozialen Wohnungsbaus".

㉜ Alter Wiehrebahnhof ★ [E7]

Der Alte Wiehrebahnhof war bis in die 1920er-Jahre in Betrieb. Durch die Trasse der Höllentalbahn wurde das rasante Wachstum der Wiehre allerdings behindert, weshalb die Bahnstrecke nach Süden bis an den Waldrand verlegt wurde. Im Zuge dessen wurden ein neues Bahnhofsgebäude sowie der Sternberg- und der Lorettotunnel gebaut.

Der Alte Wiehrebahnhof ist heute noch erhalten und fungiert als ein wichtiges **Freiburger Kulturzentrum** – als **Haus für Film und Literatur.** Hier befindet sich u. a. das **Koki** (s. S. 38), ein preisgekröntes, kommunales **Kino.** Die vielseitigen und qualitativ hochwertigen Filme und Werkschauen lohnen in jedem Fall einen Blick ins Programmheft. Gleiches gilt für das **Literaturbüro,** ein weit über die Wiehre hinaus aktiver Kulturverein, der regelmäßig Lesungen, Ausstellungen und Theaterstücke ins Leben ruft und ebenfalls hier ansässig ist. Beide teilen sich die Galerie im Alten Wiehrebahnhof und nutzen diese für die zahlreichen Veranstaltungen.

Auch unabhängig vom Kulturprogramm ist an warmen Frühlings- und Sommerabenden ein Besuch des alten Bahnhofs ein besonderes Erlebnis. Täglich außer mittwochs (wegen des Bauernmarktes, s. S. 24) kann man hier entspannt sitzen und zahlreichen **Boulespielern** zuschauen. Mit einem Glas Wein oder einem Milchkaffee aus dem angeschlossenen Café kommt dabei schnell frankophile Stimmung auf.

❯ **Literaturbüro,** Urachstr. 40, Stadtbahn 2: Lorettostraße, Tel. 289989, www.literaturbuero-freiburg.de

❯ **Café im Alten Wiehrebahnhof,** Tel. 7059657, geöffnet: Mo. 18–1, Di., Do., Fr./So. 15–1, Mi. 13.30–1, Sa. 9–1 Uhr

㉝ Lorettoberg ★★   [ck]

Die Unterwiehre wird vom Lorettoberg dominiert, eine der Spitzenlagen in Freiburg und ebenfalls vornehmlich mit Gründerzeit- und Jugendstilvillen bebaut. Seinen Namen hat der Schauinslandausläufer von der 1657 gestifteten Lorettokapelle.

Die kleine Kirche besteht aus einem vom Original bei Ancona in Italien inspirierten *Ensemble dreier Kapellen unter einem Dach.* Ursprünglich wurde der Lorettoberg nach einer mittelalterlichen Kapelle „Josephsbergle" oder im Volksmund einfach nur „Bergle" genannt, die Westflanke heißt seit jeher Schlierberg. 1644 war hier der **Schauplatz einer der blutigsten Schlachten um Freiburg.** Auf dem Höhepunkt des Dreißigjährigen Krieges standen sich die Heere der Franzosen und der Habsburger gegenüber. Man nimmt an, dass über 7000 Soldaten ums Leben kamen. Die Anhöhen waren voller Leichen, die in den Kampfpausen eilig beseitigt und nur notdürftig bestattet wurden. Die Freiburger gelobten, eine Kapelle zu bauen, sollte die Schlacht gewonnen werden. Die Namensgebung der Kapelle in Anlehnung an den Marienwallfahrtsort Loreto in Italien rührt daher, dass in Kriegszeiten traditionell Maria als Schutzheilige angerufen wurde.

Noch heute findet man bei Bauarbeiten am Lorettoberg immer wieder alte **Kanonenkugeln.** Die berühmteste steckt in der Kapellenwand links über dem Eingang. Angeblich schlug sie 1744 während eines weiteren **französisch-habsburgischen Konflikts** um Freiburg hier ein. Der französische König, Ludwig XV., hatte höchstpersönlich auf dem Lorettoberg Stellung bezogen. Zu jener Zeit gehörte es zu den Spielregeln des Krieges, dass der Oberbefehlshaber nicht beschossen werden durfte. Als die Kugel in unmittelbarer Nähe des Königs einschlug, drohte dieser, das Münster zu beschießen. Die Entschuldigung per reitenden Boten folgte sofort und der Rest der Kämpfe wurde weiterhin vom Fußvolk bestritten.

Neben den Schauplätzen ihrer kriegerischen Vergangenheit hat die Unterwiehre eine weitere Attraktion aufzuweisen: Das **Lorettobad** ist **Deutschlands ältestes Freibad** und das einzige mit separatem Damenbereich. Letzterer wird von Besucherinnen aller Altersklassen genutzt und geschätzt und ist für Männer – mit Ausnahme des Bademeisters – „off limits".

❯ Stadtbahn 2: Lorettostraße, auf den Lorettoberg geht es zu Fuß weiter, ca. 15 Minuten

S148 [ck] **Lorettobad,** Lorettostr. 51a, Eintritt 3,70 €

㉞ Holbeinpferd ★★   [ck]

Die Günterstalstraße markiert die Grenze zwischen Unter- und Mittelwiehre. Kurz hinter den letzten Wiehrehäusern öffnet sich das Bohrertal und gibt den Blick auf den Schauinsland und die Schwarzwaldhänge frei. Am Wiehreausgang steht das sogenannte Holbeinpferdchen.

Dass dieser eher unspektakulären **Plastik** des Bildhauers Werner Gürtner aus dem Jahr 1936 ein hoher Bekanntheitsgrad zukommen sollte, war keineswegs abzusehen, als sie vom Gartenamt in den 1950er-Jahren auf dem Rasenstück an der Holbeinstraße platziert wurde. Doch seit den 1980er-Jahren wird das „Pferdle" in unregelmäßigen Abständen von anonymen „Tätern" per Anstrich mit einem **neuen Kostüm** versehen. Was anfangs in Nacht-und-Nebel-Aktionen stattfand, ist inzwischen nicht nur geduldete, sondern lieb gewonnene Tradition. **Über 160 farbenfrohe Varianten**, teilweise ergänzt durch fantasievolle Verpackungen oder sonstige Accessoires, sind allein auf der offiziellen Website dokumentiert. Das

Vauban – das Vorzeigeviertel der „Green City"

Nirgends zeigt sich das Gesicht der „Green City" Freiburg deutlicher als im Ökovorzeigeviertel Vauban. Gut zwei Kilometer vom Stadtzentrum entfernt, am südlichen Stadtrand, begegnet man Häusern aus farbigen oder naturbelassenen Holz- und Steinfassaden und reichlich Solardächern. Auf verkehrsberuhigten Straßen spielen Kinder, Autos sind hier Ausnahmen und dürfen sich nur im Schritttempo bewegen.

Seit den frühen 1990er-Jahren setzen sich engagierte Bürger erfolgreich dafür ein, dass sich das ehemalige Militärgelände zum Ökoviertel entwickeln konnte. Nun berichten regelmäßig Journalisten und Reporter aus dem Modellstadtteil in alle Welt. Nämlich immer dann, wenn es um Vorbilder für Klimaschutz oder um eine entspannte Verkehrssituation geht.

Die Ursprünge des Viertels gehen auf eine Kaserne der deutschen Wehrmacht zurück, die mit dem Einmarsch der Franzosen im Jahr 1945 von den Forces Françaises en Allemagne übernommen wurde. Neuer Namensgeber war Sébastien La Prestre de Vauban, der berühmt-berüchtigte Festungsbaumeister. Als die französische Armee 1992 schließlich wieder abzog, nutzte die Stadt Freiburg die Chance

für eine moderne Entwicklung des Areals: Ein Ideenwettbewerb mit strengen ökologischen und sozialen Vorgaben bildete die Grundlage für den städtebaulichen Entwurf, alter Baumbestand wurde gepflegt, der angrenzende Bach und das Biotop blieben erhalten.

In der Frühphase bestimmten junge Leute mit alternativen Lebensentwürfen das Bild. So war der Bauwagen eine der beliebtesten Wohnformen und die Grenzen zum Hausbesetzertum waren stets fließend. Auch die Heilsarmee, Asylbewerber und Obdachlose brachte man zeitweise in den alten Armeebauten unter. Die einzige Institution dieser Zeit, die noch Bestand hat, ist SUSI. Die Selbstverwaltete Unabhängige Siedlungsinitiative erstritt schon in den frühen 1990er-Jahren den Erhalt von vier ehemaligen Mannschaftsgebäuden und machte daraus ein selbstverwaltetes Projekt mit Werkstätten, einem Kindergarten und einem Café. Eines der vier SUSI-Gebäude markiert unübersehbar den Eingang zum Viertel: An der Ecke Merzhauser Straße/Vaubanallee begrüßt eine auf die Hauswand gemalte Pippi Langstrumpf alle Besucher – direkt unter dem Schriftzug „Quartier Vauban".

Spektrum reicht von **Abijahrgangs- und Fußballvereinswürdigungen** über **Pferde im Hochzeitskleid** bis zur **Elefanten-Metamorphose.** Wer das Holbeinpferdchen besucht, wird mit Sicherheit ein Foto mit Seltenheitswert schießen können.

> Anselm-Feuerbach-Platz (Holbeinstraße/Hans-Thoma-Straße, Stadtbahn 2: Holbeinstraße, www.holbein-pferd.de

 **Vauban** ★★ **[bk]**

Südwestlich der Unterwiehre, am Fuß des Schlierbergs, liegt Freiburgs **Ökomodellviertel Vauban.** Als reines Wohnviertel weist es per se nur wenige „klassische" Sehenswürdigkeiten auf. Als Besuchstag eignet sich der Mittwoch, wenn der **Wochenmarkt** auf dem Alfred-Döblin-Platz

*Aber auch die **grünliberale Mitte** zog es schon bald in das Ökoviertel. Nach Verabschiedung des Bebauungsplans im Jahr 1997 wurden Investoren gesucht, um den geplanten Abriss der alten Kasernengebäude zu verhindern. Dies gelang und bis heute ist die **Bauherrengemeinschaft** ein beliebtes Freiburger Wohnungsbaumodell. Mehrere Parteien, oftmals Familien, organisieren den Hausbau hierbei teils genossenschaftlich selbst. Sie sind von der Planungsphase bis zum Einzug umfassend beteiligt, oft sogar als Helfer auf der Baustelle. Vauban ist heute zum Großteil durch diese eher **akademisch-bürgerliche Klientel** geprägt, die sich schon früh in dem Verein **Forum Vauban** organisierte. Bis 2004 musste die Arbeit aufgrund einer umstrittenen Fördermittelrückforderung der EU eingestellt werden. Vorher setzte das Forum seine Ideen nachhaltigen Lebens aber mit Nachdruck um, selbst wenn es Gegenwind aus dem Bürgermeisteramt bekam.*

*Sowohl der hohe Anteil an **Passivhäusern** als auch das quartiereigene **Wärmekraftwerk** gehen maßgeblich auf das Engagement der Bürger zurück. Auch das **Verkehrskonzept** wurde vom Verein entscheidend mitentwickelt. Autoreduzierte Zone*

*ohne Stellplätze, Carsharing und die Verpflichtung von Autobesitzern zur Parkplatzanmietung in einem der beiden Parkhäuser sind die im Autoland Deutschland höchst unkonventionellen Regeln, die sich das Modellviertel auferlegt hat. Mit Erfolg: Auf 1000 Bewohner kamen im Jahr 2009 lediglich 157 Autos. Für die Einhaltung der Regeln sorgt ein weiterer Verein, der **Autofrei-Verein,** der ab und an „heimliche" Autobesitzer aufspürt, die das Geld für den Stellplatz sparen wollen. Ein willkommener Anlass zum **Spott** für jene Freiburger, die das Viertel von außen kritisch betrachten. Dabei sind nicht nur das konservative Establishment oder die Immobilienspekulanten argwöhnisch. Das Quartier Vauban bzw. seine Einwohner werden durchaus auch von den gesellschaftlichen Schichten **belächelt,** die deren Ideen und Werten nahestehen. Wenn die Mischung aus „political correctness" und wohlsituierter Häuslebauermentalität Thema ist, kann schon mal ein Begriff wie „Bionade-Bourgeoisie" fallen. Die Vaubanler selbst bringt das nicht aus der Ruhe. Sie wissen, dass ihre Wohnkultur Zukunft hat und andere Kommunen, ja selbst andere Länder, bewundernd, wenn nicht gar ein wenig neidvoll auf Freiburg schauen.*

044fg Abb.: pv

(s. S. 24) stattfindet, dem Herzstück des Quartiers. Stände mit Blumen, Gebäck und Säften – alles biologisch und nachhaltig erzeugt – laden zum Bummeln und Verweilen ein, außerdem gibt es häufig Livemusik. Wie so vieles im Viertel Vauban ist auch der zentrale Platz ein Ergebnis **regen Bürgerengagements,** denn ursprüngliche Planungen sahen eine Bebauung vor. Neben dem Wochenmarkt finden hier auch das Stadtteilfest, Sommerkino und Flohmärkte statt.

Wenn man möchte, kann man vom Platz aus einen kleinen Spaziergang durch das Wohngebiet starten und sich aus der Nähe anschauen, wie sich das **alte Kasernengelände** in Deutschlands zukunftsträchtigstes Viertel verwandelt hat. Allerdings ist beim Bewundern und Staunen Zurückhaltung geboten: Nachdem Vauban auf der Expo 2010 Weltruhm erlangt hatte, gaben sich hier Fachbesucher und Touristen die Klinke in die Hand. Also ist es in jedem Fall angezeigt, das große Objektiv in

der Tasche zu lassen und auch darauf zu achten, keine Privatgrundstücke zu betreten (es gibt nicht überall Gartenzäune).

Eines der interessantesten Bauwerke des Viertels befindet sich östlich der Merzhauser Straße, auf dem Gelände des ehemaligen Sportplatzes der französischen Kaserne. Das **Sonnenschiff** von Rolf Disch ist das weltweit erste Dienstleistungszentrum in **Plusenergie-Bauweise.** Der Gebäudekomplex erzeugt also mehr Energie als er verbraucht und ist ein preisgekröntes Musterbeispiel nachhaltiger Architektur. Hier befindet sich der Eingang zur **Solarsiedlung,** die sich von der Merzhauser Straße den Schlierberg hinaufzieht. Ein paar Minuten bergaufwärts steht das **Heliotrop,** ein weiteres mit Preisen überhäuftes Wunderwerk in Sachen Energieeffizienz und dazu eine (zumindest aus der Sicht des 20. Jahrhunderts) architektonische Skurrilität. Das erste Gebäude weltweit in Plusenergie-Bauweise dreht sich um die eigene Achse – immer dem optimalen Sonnenstand hinterher.

› Stadtbahn 3: Modersohnplatz

36 Günterstal ★   [dl]

Das Dorf Günterstal erreicht man nach wenigen Minuten Fahrt mit der Straßenbahn oder mit dem Fahrrad über die malerischen Wonnhaldewiesen. Der 1890 eingemeindete, **südlichste Stadtteil Freiburgs** geht mit seinen Ursprüngen bis ins frühe neunte Jahrhundert zurück. Ein 300 Jahre später gegründetes **Zisterzienserkloster** bestimmte bis zur Säkularisierung im frühen 19. Jahrhundert das Leben im Dorf. Noch heute betritt man die Ortschaft durch das alte **Klostertor** aus dem Jahr 1783.

△ *Bunte Ökohäuser*
im Viertel Vauban

Von Günterstal führt eine beliebte **Wanderstrecke** in den **Stadtwald** zur Wallfahrtsstätte **St. Valentin** mit Gaststätte, Biergarten und Waldparkplatz. Auch die Hänge westlich von Günterstal bieten sich zum Spaziergehen an. Seit über einhundert Jahren werden hier im sogenannten **Arboretum Günterstal** exotische Bäume aus aller Welt angepflanzt. Auch den mit 63,33 Metern **höchsten Baum Deutschlands,** die Douglasie Waltraut, findet man hier.

❯ **Günterstal:** Stadtbahn 2: Endhaltestelle Dorfstraße/Günterstal
❯ **Arboretum/Douglasie Waltraut:** Stadtbahn 2: Haltestelle Wonnhalde, dann zu Fuß in Richtung Wald und den Schildern zum „höchsten Baum Deutschlands" folgen

❸❼ Schauinsland ★★★

Fährt man von Günterstal bergaufwärts, erreicht man nach wenigen Kilometern die Ortschaft Horben und die Talstation der Seilbahn, die auf den Schauinsland fährt. Der Schauinsland ist Freiburgs Hausberg und der Grund dafür, dass sich die Stadt „höchstgelegene Großstadt Deutschlands" nennt. Der 1284 Meter hohe Gipfel befindet sich nämlich auf Stadtgebiet.

Nochmal 31 Meter höher liegt die Aussichtsplattform des **Eugen-Keidel-Turms** aus dem Jahre 1981. Bei schönem Wetter hat man von hier **Fernsicht bis zum Mont Blanc.** Trotz des steilen Anstiegs ist der Gipfel, wie könnte es in Freiburg anders sein, ein beliebtes Ziel von Radlern. Wem die 1000 Höhenmeter mit dem Rad zu viel sind, dem sei die gut zwanzigminütige Gondelfahrt mit **Deutschlands längster Kabinenumlaufbahn** empfohlen. Von der Bergstation zum Kei-

delturm sind es dann nur noch wenige hundert Meter.

Schon im Mittelalter war der Berg für die aufstrebende Handelsmetropole wertvoll. Die **Silbervorkommen** waren einer der Faktoren, die im Hochmittelalter zur ersten Blütezeit Freiburgs führten. Nach dem Dreißigjährigen Krieg war damit vorerst Schluss, im 18. und 19. Jahrhundert erlebte der Bergbau dann einen zweiten Aufschwung, allerdings suchte man damals nach Zink und anderen Metallen für die Industrie. Heute kann man im **Museumsbergwerk Schauinsland** (s. S. 41) ein wenig Bergmannsluft schnuppern.

Eine sportliche Herausforderung ist der Schauinsland nicht nur für Radfahrer. Jahrzehntelang war er auch Schauplatz des **Schauinsland-**

045|g: Abb.: pv

rennens. Die Crème de la Crème der deutschen Rennfahrer lieferte sich auf der serpentinenreichen Gipfelstraße ab 1923 regelmäßig eines der bekanntesten europäischen Bergrennen. 1984 fand es aus Gründen des Umweltschutzes zum letzten Mal statt. Seit 2001 wird die **Schauinsland-Klassik** (www.schauinsland-klassik.de) ausgerichtet, eine Oldtimerschau, bei der es aber nicht um den Sieg, sondern lediglich ums „oben Ankommen" geht.

Eine weitere beliebte Attraktion ist die **Kaltwasserabfahrt.** Diese wird allerdings nicht auf Rädern, sondern auf Skiern zurückgelegt und verläuft über den westlichen Schauinslandausläufer. Kurz unterhalb der Bergstation der Seilbahn beginnt die gut acht Kilometer lange „wilde" Piste über Kaltwasser, den Gerstenhalm und Horben bis hinunter zur Talstation. Bei den richtigen Witterungsverhältnissen kommen hier Tiefschneefreunde voll auf ihre Kosten. Eine Einkehrmöglichkeit bietet nach ca. zwei Dritteln der Strecke der Buckhof (www.buckhof.de).

❯ Stadtbahn 2: Endhaltestelle Dorfstraße / Günterstal, dann Bus 21 bis Haltestelle Talstation. Betriebszeiten der Seilbahn: Jan.–Juni und Okt.–Dez. 9–17, Juli–Sept. 9–18 Uhr, Einzelfahrt 8,50 €

▣ *Schaurige Legende:*
Die Kröte im Schädel auf dem Alten Friedhof erinnert an einen lange zurückliegenden Mordfall

Der Freiburger Norden

Nördlich der Altstadt befindet sich Neuburg. Die Freiburger selbst nehmen Neuburg als südlichen Abschnitt des Stadtteils Herdern wahr, es handelt sich jedoch um einen eigenen Stadtteil, und noch dazu um einen, der Einiges zu bieten hat.

㊳ Stadtgarten ⋆ [F2]

Vom Karlsplatz [F3] in der Freiburger Altstadt erreicht man Neuburg zu Fuß über den 1970 errichteten **Karlssteg,** der direkt in den **Stadtgarten** führt. Der kleine Park aus dem Jahr 1888 ist mit seinen zwei Teichen, zahlreichen exotischen Pflanzen, großer Liegewiese und einem Minigolfplatz eine Oase der Erholung inmitten der Stadt. Bis 1911 kostete der Besuch Eintritt, auch stand hier früher die Freiburger Festhalle, die nach ihrer Zerstörung 1944 aber nicht mehr aufgebaut wurde. Im Sommer finden auf der Freiluftbühne regelmäßig **Open-Air-Konzerte** statt. Die Talstation der **Schlossbergbahn** (s. S. 83) befindet sich in der südöstlichen Ecke des Parks.

Im kleineren der beiden Teiche steht das Denkmal des berühmten **Freiburger Erpels.** Dieser hatte angeblich in der Bombennacht 1944 – ganz wie die kapitolinischen Gänse im antiken Rom – zahlreiche Bewohner gerettet. Schon vor der Ankunft der Bomber hatte der Erpel durch lautes Geschnatter die Nachbarschaft alarmiert und dazu gebracht, rechtzeitig in den Luftschutzbunker im Schlossberg zu flüchten. Die kleine Skulptur wurde im Gedenken an den Vorfall 1953 vom Bildhauer Richard Bampi geschaffen.

❯ Stadtbahn 2: Siegesdenkmal, Bus 27: Stadtgarten

046fg Abb.: pv

③⑨ Alter Friedhof ★★★   [F1]

Nur wenige Minuten vom Stadtgar-
ten ③⑧ entfernt befindet sich eine
besondere Perle Freiburgs, der Alte
Friedhof. Der parkähnliche Ort ist auf-
grund seines Baumbestands und der
verwilderten Grablandschaft zu jeder
Jahreszeit einen Besuch wert.

Zahlreiche **berühmte Bürger der**
Stadt sind hier begraben, so z. B. der
Liberale, Vormärzdenker und Fast-
Bürgermeister **Karl von Rotteck** oder
der Künstler und Lebemann **Johann**
Christian Wentzinger, Erbauer des
gleichnamigen Hauses ❸ am Münsterplatz. Letzterem ist es zu verdanken, dass der Alte Friedhof in den
anderthalb Jahrhunderten seit seiner Stilllegung nicht eingeebnet und
überbaut wurde. Er hatte die Über-
schreibung seines Vermögens an
den Freiburger Stiftungsfond an die
Bedingung geknüpft, dass sein Grab
„auf ewige Zeiten" hier gesichert sei.
Auch **Heinrich von Hennenhofer**, der
jahrelang des Mordes an Kaspar Hau-

ser verdächtigt wurde, fand 1850 auf
dem Alten Friedhof seine letzte Ruhe-
stätte. Bis ins frühe 20. Jahrhundert
wurde diese allerdings durch regelmäßige „Mörder"-Schmierereien auf
dem Grabstein gestört. 1917 wurde
der Stein schließlich entfernt.

Neben den Verpflichtungen gegenüber Wentzinger ist der Fortbestand
des Friedhofs heute auch durch die
Tatsache gesichert, dass er unter
Denkmalschutz gestellt wurde. Zu
Recht – gibt der stimmungsvolle Ort
als ehemaliger Freiburger Hauptfriedhof (1683–1872) doch Einblick in die
Totenkultur der Vergangenheit.

Ein bemerkenswertes Grabmal findet sich auf der Ostseite des Friedhofs mit der **Schlafenden Schönen**.
Auf dem Grab der 1867 verstorbenen jungen Frau werden täglich von
unbekannter Hand frische Blumen
niedergelegt. Direkt daneben findet
sich eine weitere anrührende Ruhe-
stätte aus dem Jahre 1862. Sie zeigt
eine junge Frau mit ihrem drei Tage
alten Baby, die offenbar Komplikati-
onen bei der Geburt nicht überstanden haben und von einem Engel in
den Himmel geholt werden. Errichtet
wurde der Grabstein vom trauernden
Gatten und Vater.

In der Mitte des Friedhofs steht die
Michaelskapelle, die wegen des **To-**
tentanzfreskos im Eingangsbereich
sehenswert ist. Die aktuelle Fassung
stammt aus dem Jahr 1963 und ist
eine Nachbildung des Originals aus
dem 18. Jahrhundert.

Vor der Kapelle ist eine „Gruselat-
traktion" zu sehen. Am Fuß des großen Kreuzes erblickt man einen **To-**
tenschädel, aus dessen Mund eine
Kröte hervorschaut. In der linken Seite des Schädels steckt ein alter, ge-
bogener Nagel. Das schaurige Ensemble verweist auf eine Geschichte,

die sich vor langer Zeit in Freiburg zu-
getragen haben soll. Die junge Frau
eines Schmieds hatte sich mit dem
Gesellen eingelassen und die beiden beschlossen, den alten Schmied
zu beseitigen. Sie ermordeten ihn
mit einem langen Nagel, den sie
dem schlafenden alten Mann in den
Schädel stießen. Da sie das Mordin-
strument gekonnt unter einer Locke
versteckten, flog das Verbrechen zunächst nicht auf. Einige Jahre später
jedoch musste die Leiche umgebet-
tet werden, dem Totengräber hüpfte
bei dieser Gelegenheit die Kröte entgegen und er entdeckte auch den Nagel. Das Verbrecherpärchen wurde so
doch noch überführt und bestraft.

❯ Zugang von Karlstraße oder Stadtstraße,
Stadtbahn 2: Tennenbachstraße,
Bus 27: Hochmeisterstraße

🅰 Institutsviertel
und Herdern ⭐ [E1]

Unweit des Alten Friedhofs 🕘, auf
der anderen Seite der Habsburger-
straße, befindet sich das **Verlagshaus
Herder** (Hermann-Herder-Str. 4). Der

Hauptsitz des christlich geprägten
Verlages ist ein beeindruckender,
tiefroter Neobarockbau aus den Jahren 1910 bis 1912. Am westlichen
Ende der Hermann-Herder-Straße
ist die **Justizvollzugsanstalt** nicht zu
übersehen.

Im Süden schließt sich das nach
dem Zweiten Weltkrieg entstandene
Institutsviertel an, der Sitz der na-
turwissenschaftlichen Fakultäten.
Schon im ausgehenden 19. Jahrhundert hatte man die vormals im Rathaus untergebrachten Institute wegen Platzmangels in verschiedene
Neubauten in Herdern verlegt. Das
Institutsviertel zählte jedoch zu den
in der Bombennacht von 1944 am
schlimmsten betroffenen Gebieten
und musste komplett wieder aufgebaut werden.

Weitere Institute der Universität
wie z. B. die Informatik und die Technische Fakultät sind südlich des Freiburger Flugplatzes in Brühl zu finden.
In Herdern sind außerdem ein Teil des
Universitätsklinikums sowie das Institut für Biologie ansässig. Der angeschlossene **botanische Garten** ist mit

047g Abb.: bb

Die Dreisam

*Jenseits der Wiehre, im Osten der Stadt, verläuft das **Dreisamtal**. Nach den Stadtteilen Waldsee, Ebnet und Littenweiler, kurz hinter dem Ortsschild, weitet sich das Tal zum **Zartener Becken**. Dahinter gelangt man durch das Höllental zum Feldberg und in die Höhen des Schwarzwalds.*

*Die **Dreisam** ist das Produkt des Zusammenflusses dreier Schwarzwaldbäche nur wenige Kilometer außerhalb der Stadt. Das auf den ersten Blick beschaulich wirkende Flüsschen ist von jeher im Winter während der Schneeschmelze stark von Hochwasser bedroht, noch im 19. Jahrhundert trat es regelmäßig weit über die Ufer. Im Jahr 1896 verursachte ein **Hochwasser** verheerenden Schaden und kostete zwei Menschenleben. Treibgut und Reste einer mitgerissenen Brücke trie-*

ben seinerzeit gegen die Schwabentorbrücke und zerstörten diese genau in dem Moment, als zwei Beamte sich ein persönliches Bild von den Schäden verschaffen wollten.

*Weiter stadtauswärts wird am sogenannten **Sandfang** der Gewerbekanal abgezweigt, der auch die Bächle in Freiburg speist. 2008 wurden hier ein **Wasserkraftwerk** und eine **Fischtreppe** errichtet, die den Tieren eine Wanderung stromaufwärts ermöglichen soll. Bei niedrigem Wasserstand findet die Fischtreppe nicht nur bei den Fischen Anklang, sondern auch bei den Freiburger Kindern, die hier in Scharen zum Planschen herkommen. Ein kurzes Stück weiter befindet sich die **Heimstatt des SC Freiburg**, das Dreisamstadion, welches seit 2012 **Mage Solar Stadion** (s. S. 125) heißt.*

seinen vielfältigen exotischen Freilandpflanzen und Gewächshäusern nicht nur für Pflanzenkundler interessant. Er bietet auch Möglichkeiten zum Ausspannen: Im Sommer kann man hier auf der Liegewiese in Ruhe ein (wissenschaftliches) Buch lesen.
- ●149 [dh] **Botanischer Garten,** Schänzlestraße, geöffnet 8–18 Uhr, Stadtbahn 2: Okenstraße

🔴 Zähringer Burg ★ [fg]

Im Stadtteil Zähringen nördlich von Herdern stehen die Überbleibsel der gleichnamigen Burg. Die **Zähringer** waren um die vorletzte Jahrtausendwende ein einflussreiches Adelsgeschlecht. Sie besaßen Burgen und Liegenschaften im heutigen Südwesten Deutschlands und in der Schweiz.

Bertold II. von Zähringen baute speziell den Einflussbereich westlich des Schwarzwalds aus und war maßgeblich an der **Stadtgründung Freiburgs** beteiligt: 1091 zog er auf den strategisch wichtigeren Schlossberg um – das Ereignis ist für viele gleichbedeutend mit der Stadtgründung.

Die Burg Zähringen wechselte in den kommenden Jahrhunderten des Öfteren den Besitzer und wurde auch einige Male zerstört, zuletzt und endgültig im **Bauernkrieg** 1525. Das Haus Baden restaurierte die Ruine

◁ *Im Botanischen Garten findet man zwischen den exotischen Pflanzen Momente der Ruhe*

im 19. Jahrhundert, heute dient der Bergfried als **Aussichtsturm** mit Rundumblick auf den Schwarzwald und das Rheintal.

> Stadtbahn 2 bis Endhaltestelle Reutebachstraße, danach ca. 2 km Spaziergang (ausgeschildert), teilweise durch den Wald

Der Freiburger Westen

Der Freiburger Westen ist in der zweiten Hälfte des 20. Jahrhunderts und insbesondere im Zuge der Gemeindereform der frühen 1970er-Jahre stark expandiert. Heute reicht die Stadt weit in die Rheinebene hinein bis zum Tuniberg. In den neuen und eingemeindeten Stadtbezirken jenseits des Stühlinger leben auch die meisten Einwohner der Stadt.

42 Stühlinger ★★ [A2]

Der Ausbau des Stadtgebiets westlich des Hauptbahnhofs 29 bis zur Eschholzstraße erfuhr mit der Eröffnung der Bahntrasse im 19. Jahrhundert einen Boom. Bis dahin waren hier im Wesentlichen Felder, Sumpf und Wiesen, unter anderem im Besitz der in Freiburg damals einflussreichen Herren von Stühlingen, die dem neuen Stadtteil seinen Namen gaben.

Der Stühlinger war **Wirtschaftsstandort** und **Arbeitersiedlung.** Zahlreiche **international erfolgreiche Firmen** wurden hier gegründet oder groß gemacht wie z. B. Lederle-Hermetic, heute ansässig in Gundelfingen, oder Welte und Söhne, die Erbauer mechanischer Orgeln und Instrumente, die auch das Glockenspiel im Rathaus konstruiert hatten. Heute leben im Viertel eher **Studenten** und der **bürgerliche Mittelstand,** aufgrund

der Stadtnähe ist der Stühlinger zu einer attraktiven Wohngegend aufgestiegen. Die auf das proletarische Milieu zurückgehende **Kneipenkultur** ist allerdings noch erhalten.

Auffälligstes Gebäude ist die **Herz-Jesu-Kirche** (Eschholzstraße 74), die im späten 19. Jahrhundert erbaut wurde, um den Seelsorgebedarf der Stühlinger Arbeiterbevölkerung zu decken. Man erreicht sie vom Hauptbahnhof direkt über die **Wiwilí-Brücke**. Die 1886 als „Kaiser-Wilhelm-Brücke" erbaute Verbindung von Stühlinger und Altstadt ist bei den meisten Freiburgern aufgrund ihrer Farbe als „Blaue Brücke" bekannt. Seit 2003 trägt sie offiziell den Namen von Freiburgs nicaraguanischer Partnerstadt Wiwilí. Die **Städtepartnerschaft** geht auf die Ermordung zweier Freiburger Bürger, des Arztes Albrecht Pflaum und des Entwicklungshelfers Berndt Koberstein, durch die Contras im Nicaragua der 1980er-Jahre zurück. Seit 1988 engagieren sich zahlreiche Freiburger in Bildungs- und Infrastrukturprojekten für Nicaragua.

Im Stühlinger befindet sich auch der **Hauptteil des Universitätsklinikums** sowie der **Hauptfriedhof,** der im Jahr 1872 den Alten Friedhof in Neuburg ersetzte.

> Stadtbahn 1, 3, 5: Eschholzstraße

43 Seepark Betzenhausen ★ [bh]

Die **Landesgartenschau im Jahr 1986** bedeutete für den Freiburger Westen einen Einschnitt. Das Gelände rund um den **Flückinger See** in Betzenhausen wurde komplett umgestaltet. Der ehemalige Baggersee, benannt nach dem Kiesförderungsunternehmen Flückinger, wurde Zen-

048fg Abb.: bb

trum des neuen Seeparkgeländes. **Spazierwege**, kunstvoll angelegte **Gartenanlagen** und ein kleines **Tempelchen** am Ufer, **Minigolfplatz** und **japanischer Garten, Seebühne, Aussichtsturm** und ein **Café** machen den Park seitdem zu einem beliebten Ausflugsziel.

Der Erfolg der Landesgartenschau war übrigens zunächst nicht ausgemacht. Der damalige Oberbürgermeister musste seine Eröffnungsrede bei **eisigen Temperaturen** halten, da die Sonne sich im Frühjahr 1986 in der „sonnigsten Stadt Deutschlands" rar machte. Nachdem sich die Wetterlage gebessert hatte, konnte jedoch schon bald ein Besucherrekord verzeichnet werden.

Das Konzept der Landesgartenschau war ganz im Freiburger Geist auf das **Miteinander von Mensch und Natur** ausgerichtet und sollte bereits damals das Bewusstsein für ökologische Zusammenhänge schärfen. Ein aktives Überbleibsel ist die **Ökostation** auf der Ostseite des Sees. Das in ökologischer Bauweise erstellte Gebäude fungiert als Bildungszentrum

und führt zahlreiche Projekte sowie Veranstaltungen für Schüler, Studenten und interessierte Bürger durch.
❯ Stadtbahn 1: Betzenhausener Torplatz

44 🔴 Rieselfeld ⭐

Freiburgs **junger Stadtteil Rieselfeld** befindet sich von Betzenhausen aus gesehen auf der anderen Seite des Autobahnzubringers. Rieselfeld wurde auf dem **Gelände eines ehemaligen Klärwerks** errichtet, daher kommt auch sein Name – bis 1985 wurden hier die Abwässer des Freiburger Westens „verrieselt". Inzwischen ist es verboten, sich auf diese Art und Weise des Abwassers zu entledigen und so konnte 1992 der erste Spatenstich zu einem der **modernsten Wohnviertel Deutschlands** erfolgen. Genau wie im Stadtteil Vauban **35** im Südwesten der Stadt sind

🔲 *Die Seebühne am Flückinger See ist hin und wieder Schauplatz von Konzerten*

die Häuser in **Niedrigenergiebauwei-se** gebaut, **Grünzonen** und **Gärten** wechseln sich mit bebauter Fläche ab und durch verschiedene stadtplanerische Ansätze wird eine **heterogene soziale Klientel** geschaffen. Es gibt keinen Durchgangsverkehr und im Norden verbindet eine bis in das Zentrum reichende Grünschneise das Viertel mit der umliegenden Natur. Die Attraktivität des Stadtteils gibt dem Konzept Recht: Viele junge Familien haben sich hier angesiedelt. Speziell diese profitieren auch von der Nähe zum nördlich gelegenen und zu Fuß erreichbaren **Naturerlebnispark Mundenhof** (s. S. 44), einem der größten Tierparks Baden-Württembergs. Zahlreiche **Bürgertreffs und -initiativen** sind aktiv an der Gestaltung ihres Wohnviertels beteiligt. Es ist kein Wunder, dass in diesem progressiven Umfeld eine **ökumenische Kirche** den Mittelpunkt des Viertels bildet. Die **Maria-Magdalena-Kirche**, ein massiver, unverputzter Betonmonolith im Stile des Brutalismus, steht als architektonisches Zeichen für Verbindung und Gemeinsamkeit. Evangelische und katholische Kirche waren Bauherren des 2004 fertiggestellten und bis heute umstrittenen Sakralbaus zwischen Rieselfeldallee und Willy-Brandt-Allee. Nicht nur von außen ist das Gebäude eindrucksvoll. Im Inneren hat zwar jede Gemeinde grundsätzlich einen eigenen Bereich, dieser kann jedoch durch verschiebbare Wände zu einem großen Gesamtraum umfunktioniert werden. Symbolträchtig finden viele hierbei, dass es sich bei den Trennwänden zwischen Katholiken und Protestanten nicht etwa um leichte Kunststoffbahnen handelt, wie man sie etwa aus Mehrzweckhallen kennt. Die flexiblen Wände sind aus tonnenschwerem Beton und fast 10 Meter hoch.

★150 **Maria-Magdalena-Kirche,** Maria-v.-Rudloff-Platz 1, Stadtbahn 1: Maria-von-Rudloff-Platz

△ *Diese Betonwände sind tatsächlich verschiebbar – Innenansicht der Maria-Magdalena-Kirche*

Praktische Reisetipps

004fg Abb.: bb

An- und Rückreise

Mit dem Auto

Freiburg liegt verkehrsgünstig direkt an der **Rheintalautobahn A5**. Es gibt drei Ausfahrten, die **Innenstadt** erreicht man über die Abfahrt am **Kreuz Freiburg-Mitte** (62). Der Zubringer B31a verläuft im letzten Abschnitt parallel zur Dreisam und führt direkt zum südlichen Ende der Altstadt. In den Stoßzeiten kommt es hier zu stockendem Verkehr.

Besucher, die über Stuttgart, aus der Bodenseeregion oder aus Österreich anreisen, können die malerische Strecke durch den **Schwarzwald** nehmen, welche durch das Höllental direkt nach Freiburg führt. Achtung, diese Strecke ist am Sonntagnachmittag nicht zu empfehlen, da die Schwarzwaldausflügler für kilometerlange Staus sorgen. Kurz hinter dem Ortseingang Freiburg verläuft die Straße mehrere Kilometer durch Tunneln: zuerst durch den Kappler- und im Anschluss durch den Schützenalleetunnel.

Mit dem Zug

Freiburg liegt an der **ICE-Strecke Frankfurt–Basel**. Ab Frankfurt gibt es praktisch stündlich Direktverbindungen. Zusätzlich halten am Freiburger Hauptbahnhof 29 verschiedene **Regionalbahnen**, wie z. B. die Höllentalbahn von Donaueschingen, die Breisachbahn und die Elztalbahn. Die nächste Straßenbahnhaltestelle befindet sich auf der Stadtbahnbrücke direkt oberhalb der Gleise.

◁ *Vorseite: Die Wiwilí-Brücke verbindet die Altstadt mit dem Stühlinger*

Mit dem Flugzeug

Freiburg verfügt zwar über einen eigenen Flugplatz, dieser wird jedoch nur für Sport- und Privatflüge genutzt. Der nächste internationale Flughafen ist der **EuroAirport bei Basel**, ca. 60 km südlich von Freiburg. Die Anreise per Flugzeug, beispielsweise von Hamburg oder Berlin, kann sich für die ganz Eiligen aber trotz Freiburgs ICE-Anbindung lohnen. Ein **Expressbus** verkehrt nahezu stündlich und bringt Reisende in unter 60 Minuten zum ZOB am Hauptbahnhof. Tickets können im Bus gelöst werden.

❯ www.freiburger-reisedienst.de – Informationen zum Airport-Bus
❯ www.euroairport.fr – Website des EuroAirport

Im **Baden Airpark**, dem Flughafen Karlsruhe/Baden-Baden, landen u. a. irische Billigflieger. Von dort muss man allerdings immer noch den ICE nach Freiburg nehmen.

❯ www.baden-airpark.de

Autofahren

Autofahren ist in der Stadt der kurzen Wege zumindest im Innenstadtbereich nicht zu empfehlen. Sinnvoller ist es, das Auto bei der Unterkunft stehen zu lassen. Die Altstadt ist ohnehin verkehrsberuhigt und für den privaten Verkehr gesperrt. Autofahrer sollten auch beachten, dass durch die Umgestaltung der westlichen Altstadt eine der wichtigsten Nord-Süd-Achsen, der Rotteckring inklusive Peripherie, ausfällt (www.freiburg.de →Verkehr). Die Bauabschnitte entwickeln sich dabei so dynamisch, dass nicht immer alle Navis up to date sind.

Wer im Stadtzentrum auf den eigenen Pkw dennoch nicht verzichten möchte, sollte eines der Parkhäuser nutzen. Engpässe gibt es höchstens samstags, wenn die Einkäufer aus der Region in die Stadt kommen. Die Innenstadt hat ein **Parkleitsystem,** das den Weg in die verschiedenen Parkhäuser weist und anzeigt, ob es noch freie Plätze gibt. Informationen zu Lage und Tarifen aller Parkhäuser gibt es unter www.freiburg.de (→Verkehr →Mobil in Freiburg →... mit Auto und Motorrad). Hier lässt sich auch die aktuelle Anzahl freier Parkplätze einsehen. In der Innenstadt stehen unter anderem folgende **Parkhäuser** zur Verfügung:

🅿151 [E3] **Parkhaus Karlsbau,**
Auf der Zinnen 1, 655 Parkplätze
🅿152 [F4] **Parkhaus Schloßberg,**
Schlossbergring 14, 410 Parkplätze
🅿153 [E2] **Parkhaus Schwarzwald City,**
Wasserstr. 7, 437 Parkplätze

Freiburg verfügt über **drei Parkbewirtschaftungszonen,** in denen **Parkscheine** am Automaten erworben werden müssen. Eine Karte der Zonen kann man ebenfalls von www.freiburg.de/ Rubrik Mobilität herunterladen. Bei Anreise mit dem Auto lohnt es sich, auf diese einen Blick zu werfen, um ggf. herauszufinden, wo man für mehrere Tage gebührenfrei parken kann.

❭ **Gebührenzone 1** (Innenstadt):
Parkgebühr 2,20 €/Stunde
❭ **Gebührenzone 2** (innenstadtnahe Bereiche von Wiehre, Herdern, Neuburg und Stühlinger): Parkgebühr 1,60 €/ Stunde, 8 €/24h
❭ **Gebührenzone 3** (Wiehre, Stühlinger): Parkgebühr 0,60 €/Stunde, 3 €/24h

Fast das gesamte Stadtgebiet mit Ausnahme einiger Randbezirke ist **Umweltzone** und eine grüne Feinstaubplakette ist obligatorisch. Bis zum 31. Dezember 2012 haben auch noch Fahrzeuge mit gelber Plakette freie Fahrt.

Freiburg verfügt über mehrere **Park-and-Ride-Plätze.** Ein aktueller Überblick mit Informationen zu den Stadtbahn- und Busanschlüssen findet sich auf der Website der Freiburger Verkehrs AG, www.vag-freiburg.de, in der Rubrik „Linien und Netz".

Barrierefreies Reisen

Viele **öffentliche Einrichtungen** und **Sehenswürdigkeiten** in Freiburg sind für mobilitätseingeschränkte Personen gut zu erkunden. Eine praktische, nutzerverwaltete Karte rollstuhlgerechter Orte (ohne Anspruch auf Vollständigkeit) findet sich unter **www.wheelmap.org.**

Auch der öffentliche Nahverkehr ist weitgehend barrierefrei. Alle **Busse** sind in Niederflurbauweise konstruiert und verfügen über mobile Klapprampen. Das gleiche trifft auf die meisten **Stadtbahnen** zu, die in der Regel zumindest einen tiefergelegten Eingang mit Rampe ausweisen. Insgesamt gibt es nur vier Bahnen in der Flotte, die keine rollstuhlgerechten Eingänge haben. Sollte man auf eines dieser Modelle treffen, muss man wohl oder übel auf die nächste Bahn warten. Bei der schnellen Taktung der meisten Linien dauert dies aber nur fünf bis zehn Minuten. Eine Liste der Stadtbahnhaltestellen mit erhöhtem Bahnsteig zum Einfahren ohne Rampe ist im VAG pluspunkt, dem Kundencenter der VAG, und im Internet auf der Seite der VAG unter „Linien und Netz" erhältlich. Im Übrigen sollte man immer dem Fahrer Bescheid geben, dieser stellt dann die Rampe zur Verfügung. Ausgerechnet am Bertoldsbrunnen ⑲, dem zentralen Verkehrsknotenpunkt, ist die Einstiegssituation aber ungünstig, Nutzern von Elektrorollstühlen wird deshalb empfohlen, ans Stadttheater ㉘ auszuweichen.

ⓘ 154 [E3] VAG pluspunkt, Salzstr. 3, Tel. 4511500, www.vag-freiburg.de/, geöffnet: Mo.–Fr. 8–19 Uhr, Sa. 8.30–16 Uhr

Die von der Stadt Freiburg unterstützte Initiative „Freiburg für alle" (www.freiburg-fuer-alle.de) unterhält ein umfangreiches Infoportal für Bürger mit eingeschränkter Mobilität. Hier finden sich neben vielen anderen Informationen auch Bewertungen der Barrierefreiheit verschiedener Freiburger Hotels, Gastronomiebetriebe, Sehenswürdigkeiten, kultureller Einrichtungen usw. Auch eine Liste der behindertengerechten öffentlichen Toiletten ist Teil des Angebots, ebenso der Hinweis, für welche von ihnen der Euroschlüssel genutzt werden kann. Letzterer kann gegen eine Schutzgebühr beim Ring der Körperbehinderten Freiburg ausgeliehen werden.

ⓘ 155 [ah] Ring der Körperbehinderten e. V., Meckelhof 1, Tel. 881860, www.ring-freiburg.de

050fg Abb.: bb

Für Rollstuhlfahrer geeignete Taxis erreicht man hier:

❯ Rollstuhltaxi Wespiser, Tel. 7070888

Die meisten Freiburger Ampeln geben akustische Signale für Menschen mit einer Sehbehinderung ab. Zusätzlich sind die Bahngleisabgänge der Stadtbahnbrücke am Hauptbahnhof in Blindenschrift beschildert, sodass im Sehen eingeschränkte Menschen, die hier aus der Stadtbahn steigen, selbstständig den Weg zum Bahnhof und zum Zentralen Omnibusbahnhof finden können.

Diplomatische Vertretungen

❯ Österreichische Botschaft, Stauffenbergstr. 1, 10785 Berlin-Tiergarten, Tel. 030 26934280, www.bmeia.gv.at
❯ Konsulat der Schweiz, Theodor-Ludwig-Straße 26, 79312 Emmendingen, Tel. 07641 924112, gerhard.lochmann@aklo.de. Das Konsulat der Schweiz liegt nördlich der Stadt in der Ortschaft Emmendingen.

Geldfragen

Das Freiburger Preisniveau einzuschätzen, ist nicht ganz einfach. Da Freiburg eine Studentenstadt ist, gibt es zahlreiche Gelegenheiten, um günstig zu essen oder abends für wenig Geld auszugehen. Auf der anderen Seite ist die Skala nach oben offen. Freunde der gehobenen Küche zahlen auch gehobene Preise. Ein ähnliches Bild ergibt sich bei der Unterkunft, wobei die Preise in der Innenstadt im Vergleich zu anderen Städten schon eher etwas höher sind.

Freiburg preiswert

› Die **WelcomeKarte** ist ein für drei Tage gültiges Ticket für den öffentlichen Nahverkehr (inklusive der Nachtbusse) und für die Schauinslandbahn. Sie ist zum Preis von 24 € im VAG pluspunkt (s. S. 118) oder in der Tourist Information erhältlich und lohnt sich aber eher für Besucher, die außerhalb des Stadtzentrums unterwegs sind.

› Die **städtischen Museen** (s. S. 40) bieten zum Preis von 6 € (erm. 4 €) eine **Tageskarte** an, mit der man freien Eintritt in jedes der fünf Museen hat. Erhältlich ist sie an den Museumskassen.

› Zahlreiche Freiburger Gastronomen nehmen an der Aktion „**Nette Toilette**" teil und es werden noch mehr, da die Stadt die Teilnahme aktiv

und mit finanziellem Anreiz fördert. Hat eine Einrichtung das „Nette-Toilette"-Logo an der Tür kleben, so ist man eingeladen, die jeweilige Einrichtung kostenlos zu nutzen.

› Die mit einem Euro angeblich **günstigste Tasse Kaffee der Stadt oder wahlweise Cappuccino** bekommt man bis um 12 Uhr mittags im ART-Café (s. S. 35).

0511g Abb.: wb

Informationsquellen

Touristeninformation

❶156 [D3] **Tourist Information,** Rathausplatz 2–4, Tel. 3881880, geöffnet: Juni–Sept. Mo.–Fr. 8–20, Sa. 9.30–17, sonn- u. feiertags 10.30–15.30 Uhr, Okt.–Mai Mo.–Fr. 8–18, Sa. 9.30–14.30, sonn- u. feiertags 10–12 Uhr, telefonische Erreichbarkeit: Mo.–Fr. 9–18 Uhr. Die Freiburger Tourist Information befindet sich im alten Rathaus. Neben umfangreichen Informationsmaterialien, Prospekten, Karten, Bildbänden und Souvenirs findet man hier auch Hilfe bei der Suche nach einem Zimmer. Auch Tickets für den öffentlichen Nahverkehr und die Freiburger WelcomeKarte sowie den oberrheinischen Museumspass, mit dem man für 79 € ein Jahr lang freien Eintritt in 230 Museen in Deutschland, Frankreich und

der Schweiz hat, kann man hier erwerben. Viele der vor Ort angebotenen Informationen stehen auch unter www. freiburg.de (Rubrik „Tourismus") als Download bereit.

Fundbüro

●**157** [D2] **Fundbüro,** Merianstr. 16, Tel. 2014827 oder 2014828, fundbuero@ stadt.freiburg.de, geöffnet: Mo.–Fr. 8–12, Mi. 13.30–17 Uhr

●**158 Fundbüro der VAG,** Besançonallee 99, Tel. 4511369, fundbuero@vagfr.de, geöffnet: Mo.–Do. 8–16, Fr. 8–15 Uhr. Hier werden Gegenstände gesammelt, die in Bussen und Bahnen der VAG liegengelassen wurden.

◁ *Hinweis für Rollstuhlfahrer als Rheinkieselmosaik*

Tickets/Veranstaltungsservice

- **159** [D3] **BZ-Karten-Service Freiburg Ticket GmbH & Co KG**, Bertoldstr. 7, Tel. 4968888, geöffnet: Mo.–Fr. 9–18 Uhr
- **160** [C3] **Theaterkasse Freiburg**, Bertoldstr. 46, Tel. 2012853, geöffnet: Mo.–Fr. 10–18, Sa. 10–13 Uhr. Die Abendkassen öffnen 60 Min. vor Vorstellungsbeginn (Großes Haus und Konzerthaus) bzw. 30 Min. vor Vorstellungsbeginn (alle anderen Spielstätten).

Freiburg im Internet

- ❯ www.freiburg.de – Das offizielle Stadtportal bietet auch für Besucher eine Fülle an Informationen zu allen Themen von Mobilität über Kultur bis zu Tourismus.
- ❯ www.fudder.de – Freiburger Webportal mit Veranstaltungstipps und -kalender, redaktionellen Inhalten zu Stadt und Bürgern, Foren und den „150 verborgenen Theken", einer liebevoll erstellten Sammlung von Rezensionen über Freiburgs beste Kneipen. Für jüngeres Publikum gedacht und 2007 mit dem Grimme Online Award ausgezeichnet.
- ❯ www.fwtm.freiburg.de – Website der Freiburg Wirtschaft Touristik und Messe GmbH
- ❯ www.messe-freiburg.de – Internetseite der Freiburger Messe mit allen Terminen und Veranstaltungen auf dem Messegelände
- ❯ www.chilli-freiburg.de – Stadtmagazin mit Veranstaltungskalender
- ❯ www.greencity.freiburg.de – das Nachhaltigkeitsportal der Stadt

Meine Literaturtipps

- ❯ *Peter Kalchthaler, „**Kleine Geschichte der Stadt Freiburg**" (2004). Ein umfassender chronologischer Abriss, der gut gegliedert ist. Das perfekte Nachschlagewerk für alle Geschichtsinteressierten. Der Autor ist Freiburger Stadthistoriker und Leiter des Museums für Stadtgeschichte. Von ihm gibt es auch „Freiburg und seine Bauten" (2006).*
- ❯ *Astrid Fritz und Bernhard Trill, „**Unbekanntes Freiburg**" (2008). 13 Spaziergänge, die Freiburg von seiner skurrilen und gruseligen Seite zeigen.*
- ❯ *Joanne Dennig, „**Fünf nicht gewöhnliche Jahrzehnte**" (2007). Die amerikanische Pfarrfrau, Friedensaktivistin und Hausbesetzersympathisantin schreibt aus ihrer eigenen Perspektive Geschichten über Freiburg.*
- ❯ *Ingeborg Hecht, „**Als unsichtbare Mauern wuchsen**" (1984). Das autobiografische Werk der 2011 verstorbenen, preisgekrönten Autorin schildert eindringlich die Repressionen in Freiburg durch die Nazis.*
- ❯ *Andreas Kuntz, „ …**da haben sie doch die Ökos ausgewildert. Geschichten vom Vauban**" (2005). Eine amüsante Innenansicht des Freiburger Ökoviertels.*
- ❯ *Auch das **Genre der Heimatkrimis** hat verschiedene Kommissare und Ermittler wider Willen in Freiburg platziert. Freunde dieser Art der Unterhaltung sollten sich z. B. Oliver Battini, Karin Schickinger oder Renate Klöppel sowie das Programm des kleinen Freiburger Sternwaldverlags näher anschauen (www.sternwaldverlag.de).*

Publikationen und Medien

Wer an regionalen Nachrichten und Unterhaltungsprogramm interessiert ist, findet in Freiburg ein großes Spektrum an Medien aller Art von Radio- und Fernsehsendern bis zu Online- und Printmedien:

> www.badische-zeitung.de – Die regionale Badische Zeitung erscheint in Freiburg.

> www.der-sonntag.de – Kostenlose, regionale Sonntagszeitung aus demselben Verlagshaus wie die Badische Zeitung.

> Der **SWR** unterhält in Freiburg in der Kartäuserstraße ein Studio mit Radio-, TV- und Internetredaktionen. Fernsehbeiträge zur Region sind regelmäßig im SWR-Fernsehen und in der Landesschau zu sehen. Die Radiosender empfängt man in Freiburg auf UKW 107,0 MHz (SWR1), 91,1 MHz (SWR2), 99,2 MHz (SWR3) und 104,0 MHz (SWR4).

> www.rdl.de – Radio Dreyeckland (auf UKW 102,3 MHz) im Viertel Im Grün ist der älteste freie Radiosender Deutschlands.

> Der Freiburger Kabelsender **TV Südbaden** sendet täglich ab 18 Uhr einen Mix aus Regionalnachrichten und Werbesendungen.

> www.baden.fm – Privater Freiburger Popsender (94,7 MHz).

Internet und Internetcafés

Freiburg verfügt über mehrere **gesponserte Hotspots,** an denen man kostenlos mit dem eigenen Laptop oder Smartphone ins Internet gehen kann. Dazu gehören u.a. das Einkaufszentrum Schwarzwald City (s. S. 19), das Restaurant Dattler (s. S. 27) und das Hotel Rappen (s. S. 127). Auch große Teile des Stadtgartens **38** und des Schlossbergs **13**, der Rathausplatz **24**, der Hauptbahnhof **29** sowie Teile von St. Georgen sind abgedeckt – mit wechselnder Signalstärke. Verbindung erhält man über das **WLAN-Netzwerk** „fr-wlan", anschließend muss man sich zur kostenlosen Nutzung über das fr-wlan-Formular im Browser anmelden (weitere Infos unter www.fr-wlan.de).

Kostenlose Hotspots gibt es in den meisten Hotels sowie in einigen Cafés (in diesem Buch mit ⊚⊚ gekennzeichnet). Bei **Starbucks** und in der **Mehlwaage** (s. S. 29) hat man **kostenlosen Zugriff** aufs WLAN.

@**161** [E2] Internetcafé am Siegesdenkmal, Friedrichring 15, Tel. 6124407, www.internetcafesiegesdenkmal.oyla.de, geöffnet: Mo.–Sa. 9–23, So. 11–22 Uhr. Preise pro Stunde 1,50 € (bis 12 Uhr) bzw. 1,90 € (ab 12 Uhr).

⊃**162** [D4] **Starbucks,** Kaiser-Joseph-Straße 147–149, direkt am Martinstor, geöffnet: Mo.–Sa. 7–21, So. 11–18.30 Uhr

Medizinische Versorgung

✚**163** [ci] Notaufnahme des Universitätsklinikums, Sir-Hans-A.-Krebs-Straße, Tel. 2700. Das Universitätsklinikum Freiburg verfügt über eine zentrale Notaufnahme in der Sir-Hans-A.-Krebs-Straße (geht auf dem Klinikgelände rechts von der Hugstetter Straße ab, verläuft parallel zur S-Bahn).

✚**164** [ck] Notaufnahme Lorettokrankenhaus, Mercystr. 6–14, Tel. 7084106

✚**165** [E1] Notaufnahme und Notfallpraxis für Kinder, Sautierstr. 1, St. Josefskrankenhaus, Tel. 80998099

Apotheken gibt es in Freiburg wie überall sehr viele. Die aktuellen Nachtapotheken können beim kassenärztlichen Bereitschaftsdienst Freiburgs unter Tel. 8099800 erfragt werden.

➕166 [E3] Engelapotheke, Herrenstr. 5, Tel. 34565. Schwerpunkt auf Homöopathie und alternative Heilmethoden.

➕167 [D3] Löwenapotheke, Kaiser-Joseph-Straße 205, Tel. 33431

Mit Kindern unterwegs

Freiburg bietet viele Freizeitmöglichkeiten für Kinder aller Altersklassen. Neben den Klassikern Schauinslandbahn (s. S. 107), Naturerlebnispark Mundenhof (s. S. 44), Stadtwald und Schlossberg ⑬ oder den Schwimmbädern (s. S. 125) gibt es auch ein paar ganz besondere Angebote für Kinder.

●168 Europapark Rust, Europa-Park-Str. 2, 77977 Rust, Tel. 01805 776688, www. europapark.com, geöffnet: Apr.–Nov. tägl. 9–18 Uhr, Eintritt ab 34 €. Der Freizeitpark ist der Traum aller Kinder und vom Freiburger Hauptbahnhof mit dem Zug in knapp 45 Minuten erreichbar.

●169 [ak] Kinder Galaxie, Basler Landstr. 17, www.kinder-galaxie.de, Tel. 40140800, geöffnet.: Mo.–Fr. 14–19, Sa./So. 10–19 Uhr, Eintritt ab 4,50 € je Kind. Freiburgs größter Indoor-Spielplatz für Kids jeden Alters.

●170 Steinwasenpark, Steinwasen 1, 79254 Oberried, Tel. 07671 96980, www.steinwasen-park.de, geöffnet: Frühjahr und Herbst 10–16.45 Uhr, Sommer 9–17.45 Uhr, Eintritt: Kinder 17 €, Erwachsene 20 €, mit der Buslinie 7215 ab Hauptbahnhof in 35 Minuten bis zum Park. Im Steinwasenpark gibt es neben vielen Tieren in großen Freigehegen auch zahlreiche Fahrattraktionen wie eine Rodel- und eine Achterbahn, außerdem einen großen Abenteuerspielplatz.

❯ Ein absolutes „must-have" für Besucher mit Kindern ist der Offizielle Freiburger Kinderstadtplan. Neben einem

052|g Abb.: bb

Verzeichnis wirklich aller Spielplätze und Kinder-Highlights der Stadt gibt es Empfehlungen für Ausflüge, Touren, Führungen, Workshops und Projekte sowie viele praktische Tipps und Adressen. Erhältlich ist der Plan für 4,50 € plus Versand beim Kinderstadt Freiburg e.V, www.kinderstadt-freiburg.de.

Notfälle

Notrufnummern

> **Polizei:** Tel. 110
> **Feuerwehr/Rettungswagen:** Tel. 112
> **Giftnotruf:** Tel. 19240
> **Tierärztlicher Notdienst:** Tel. 72266
> **Telefonseelsorge:** Tel. 0800 1110111
> **weitere Notdienstnummern** findet man unter www.freiburg.de (Rubrik „Leben in Freiburg"/„Rat und Hilfe")

Polizeidienststellen

171 [C3] **Polizeirevier Freiburg Nord,** Bertoldstr. 43a, Tel. 07618820. Sollte man Opfer eines Diebstahls werden oder ein anderweitiges Problem bekommen, das zur Anzeige gebracht werden muss, ist das Polizeirevier Nord in der Bertoldstraße die richtige Anlaufstelle.

Kartenverlust

Bei Verlust von deutschen Maestro-(EC-), Kredit- und SIM-Karten gilt überwiegend die einheitliche **Sperrnummer 116116**. Man sollte vor der Abreise prüfen, ob z.B. das eigene Bankinstitut dem Sperr-Notruf angeschlossen ist. Details finden sich

◁ *Spaß und Abenteuer für den Nachwuchs auf der Freiburger Mess' (s. S. 13)*

im Internet unter www.sperr-notruf. de und www.kartensicherheit.de. Es empfiehlt sich, vor der Reise die individuelle Karten-Sperrnummer und die Nummern der jeweiligen Karte **separat zu notieren.**

Da es für **österreichische** und **Schweizer Karten** keine zentrale Sperrnummer gibt, sollten sich deren Inhaber nach einer aktuell gültigen Notrufnummer ihres jeweiligen Kreditkartenanbieters erkundigen.

Post

✉ **172** [C3] **Hauptpost Freiburg,** Eisenbahnstr. 58–62, geöffnet: Mo.–Fr. 8.30–18.30, Sa. 9–14 Uhr

Radfahren

Spätestens wenn man die Altstadt hinter sich lässt, stellt sich die Frage nach einem geeigneten Verkehrsmittel. Da die Strecken schön, die Fahrradwege reichlich vorhanden und die Wege nicht allzu lang sind (selbst die Strecke vom Münsterplatz zur Talstation des Schauinsland schafft man in unter einer Stunde), ist das Rad eine der besten Optionen. Die **annähernd 6000 Fahrradabstellplätze** und zahlreichen überdachten **Bike-and-Ride-Plätze** machen auch das Parken an vielen wichtigen Sehenswürdigkeiten und Verkehrsknotenpunkten leicht. In Straßenbahnen und Bussen können die Fahrräder allerdings nicht mitgenommen werden.

Radkarten von Freiburg und Umgebung gibt es in der Tourist Information (s. S. 119). Der Freiburger Fahrrad-Stadtplan kostet 2,50 € und zeigt Freiburg aus der Perspektive der Radler.

Schwule und Lesben

053fg Abb.: pv

Die Freiburger Schwulen- und Lesbenszene ist überschaubar. Gerade mal zwei offizielle Schwulenbars kann die Stadt aufweisen. Dafür gibt es in verschiedenen Bars und Cafés schwule und lesbische Abende und häufig Partys. Aktuelle Infos zu Terminen, Partys und Aktionen gibt es immer auf http://freiburg.gay-web.de.

Ansprechpartner für alle Fragen jenseits von Bars und Partys ist die **Rosa Hilfe** (www.rosahilfefreiburg.de, Tel. 25161).

❼174 [E4] **SonderBar,** Salzstr. 13, Tel. 33930, www.sonderbar-freiburg.de, Mo.–Do. 18–1, Fr./Sa. 18–2, So. 18–24 Uhr. Das Flaggschiff der Schwulenszene für gemischte Altersklassen liegt in einer Seitenpassage der Salzstraße. Die SonderBar ist auch für Heterosexuelle eine sehr nette Adresse.

❭ **Les Garçons,** im Hauptbahnhof ㉙, Tel. 2927220, geöffnet: Mo./Di. 6.30–23, Mi./Do. 6.30–24, Fr. 8–1, Sa. 8–1, So. 8–23 Uhr. Hier gibt es häufig kulturelle Veranstaltungen, sonntags von 15–18 Uhr findet immer ein Klavierkonzert statt.

❭ **bar drei – nur für Frauen.** Immer am dritten Freitag des Monats ab 21 Uhr im Jos Fritz Café (s. S. 37).

❭ **Cool Queer Café.** Am fünften Freitag des Monats im Jos Fritz Café (s. S. 37).

❭ **Pink Party.** Regelmäßige schwullesbische Studentenparty in der Mensa Rempartstraße. Termine unter www.rosa hilfefreiburg.de und www.studentenwerk. uni-freiburg.de.

❭ **Queer Beatz.** Findet unregelmäßig (mehrmals im Jahr) im Jazzhaus (s. S. 37) statt.

❭ **Schwu-Les Dance.** Mehrmals im Jahr im Waldhaus (s. S. 44). Termine unter www.schwulesdance.com.

❭ **Club Deluxe.** Events für Schwule und Lesben, Infos unter www.clubdeluxe.info.

●**173** [B3] **mobile gGmbH,** Wentzingerstr. 15, Tel. 2927998, www.mobile-freiburg. de, geöffnet: Mo.–So. 10–18 Uhr, Rückgabe bis 17.30 Uhr. Freiburgs größter und bekanntester Fahrradverleih liegt gut erreichbar direkt am Hauptbahnhof auf der Stühlinger Seite. Hier gibt es Fahrräder für jeden Bedarf, z. B. mit Kindersitz oder Anhänger. Die Preise variieren zwischen 15 und 30 € pro Tag und 5 bis 15 € für Folgetage. Das mobile versteht sich als Freiburgs Zentrum für zukunftsgewandte Mobilität und bietet neben dem Radverleih auch Informationen und Beratung. Auch ein Car-Sharing-Programm ist angeschlossen.

❭ **Freiburg Bikes,** Tel. 07665 9471021, www.freiburgbikes.de, geöffnet: Mo.–Fr. 9–17 Uhr. Fahrradverleih mit Anlieferung. In der Altstadt kostenlos, außerhalb 5 €. Preise erster Tag ab 15 €, für jeden weiteren Tag 10 €.

🖼 *Verkehrsmittel Nr. 1 in Freiburg: das Fahrrad*

> **Das Freitagscafé.** Immer am ersten und dritten Freitag des Monats im Strandcafé auf dem Grethergelände (Adlerstraße 12), am zweiten und vierten Freitag im Jos Fritz Café (s. S. 37).
> Am letzten Samstag des Monats findet im Mia-Club (Universitätsstraße 3, www.facebook.com/MiaClubFreiburg) der **Lovers Club** für Gays und Lesbians statt.

Sicherheit

Zwar ist Freiburg in der Kriminalstatistik Baden-Württembergs der Spitzenreiter, wenn es um Straftaten geht, als Besucher muss man allerdings schon sehr viel Pech haben, um Opfer eines Verbrechens oder gar eines Gewaltverbrechens zu werden. Dennoch sollte man ein paar universell gültige **Sicherheitsregeln** einhalten.

Nach wie vor hat das **Bermudadreieck** (s. S. 35) einen schlechten Ruf, v. a. am Wochenende nachts. Wer Ärger vermeiden will, sollte seine Augen offen halten und gegebenenfalls betrunkenen oder aggressiv auftretenden jungen Männern aus dem Weg gehen.

Taschendiebe gibt es auch in Freiburg und auch hier sind sie überall dort, wo es voll ist. Auf dem Münstermarkt, in der Straßenbahn, im Kaufhaus – es ist ratsam seine Wertsachen dicht am Körper zu tragen.

2011 waren im großen Stil sogenannte **Skimmer** in Freiburg unterwegs und haben zahlreiche Konten geplündert. Sie erbeuten Geheimnummern und Magnetstreifendaten von EC- und Kreditkarten, indem sie an Geldautomaten zusätzliche Kartenschlitze und Minikameras vorbauen. Es empfiehlt sich, die Eingabe der Geheimnummer immer abgedeckt vorzunehmen.

Sport und Erholung

Freiburg ist ein Paradies für Outdoor-sportler. Ob **Joggen** im Stadtwald oder **Wandern** im Schwarzwald, **Radfahren** an der Dreisam oder **Rodeln** am Schauinsland – man muss nur vor die Tür treten und hat es nicht weit. Die Stadt richtet auch einen **Marathon** aus, der im Frühjahr stattfindet (www.marathon-freiburg.com).

Erwähnenswert ist auch der **Nordic Fitness Park** auf dem Freiburger Schlossberg ⑬. Mehrere unterschiedlich anspruchsvolle und nach den Kriterien der Nordic Walking Association zertifizierte Parcours können auf einer Gesamtlänge von 27 km erschlossen werden. Die Startpunkte liegen im Stadtgarten ㊳, am Waldparkplatz Haus Tobias in der Wintererstraße in Herdern sowie am Wanderparkplatz in der Kartäuserstraße in Waldsee, unweit des Stadions des SC Freiburg. Alle Strecken sind ausgeschildert und nach ihrem Schweregrad farblich gekennzeichnet.

Freiburg verfügt über **fünf Hallen- und drei Freibäder.** Von den Letzteren ist das geschichtsträchtige Lorettobad in der Wiehre besonders bemerkenswert (25 m Becken, der Nichtschwimmerbereich ist abgetrennt). Es ist Deutschlands erstes Familienbad und das einzige, das heute noch einen abgetrennten Bereich für Frauen hat. Das größte Freiburger Freibad ist das Strandbad (mit einem 50 m Schwimmerbecken). Ein Überblick über alle Freiburger Bäder mit Öffnungszeiten und Eintrittspreisen findet sich unter www.freiburg.de/baeder.

Passivsportlern sei außerdem ein **Heimspiel des SC Freiburg** im Mage Solar Stadion ans Herz gelegt.

S175 [fj] **Mage Solar Stadion,** Schwarzwaldstr. 193, www.scfreiburg.com

Stadttouren

Freiburg Kultour ist der offizielle Partner der Stadt Freiburg und mit 50 Mitarbeitern auch der größte Anbieter
von **Stadttouren**. Ganzjährig werden
fast jeden Tag Führungen durch die
Altstadt und das Münster angeboten.
Auch kulinarische Rundgänge, Erlebnistouren mit Schauspielern und Kin-
dertouren sind im Programm. Die regelmäßig stattfindenden, offenen
Führungen starten vor dem Alten Rathaus ㉒. Tickets kann man bis wenige Minuten vorher in der Tourist Information (s. S. 119) kaufen, die Preise für die Standardführungen durch
Stadt oder Münster liegen für Erwachsene bei 9 €. Informationen zum aktuellen Programm bekommt man
auch unter www.freiburg-kultour.de.

Wer das Tempo seiner Stadtfüh-
rung selbst bestimmen möchte, dem
sei die **itour** empfohlen. Der **audio-vi-
suelle Rundgang** mit dem Minicom-
puter ist eine Art Hörspiel mit Musik
und „Guides" aus verschiedenen Epo-
chen. Der Verleih erfolgt nach Hinter-
legung des Personalausweises in der
Tourist Information. Die Preise liegen
zwischen 8 und 12 €, je nach Dauer.

Spezialanbieter für **Erlebnistouren**
ist das Unternehmen **Historix-Tours**.
Die häufig recht gruseligen und immer sehr unterhaltsamen Führungen
werden von Schauspielern und Histo-
rikern durchgeführt. Gespensterjag-
den und andere Touren finden täglich
statt, ab einer Person ist die Durch-
führung garantiert. Der Preis für eine
Standardtour liegt bei 8 €, ermäßigt
6 €, bezahlt wird am Treffpunkt. Das
aktuelle Programm und Informationen zu Zeiten und Treffpunkten finden sich im Internet unter www.histo-
rix-tours.de, Flyer gibt es auch in der
Tourist Information.

Die **Freiburger Verkehrs AG** bietet
interessante **Sonderfahrten mit der
Stadtbahn** an. Das Angebot reicht
von informativ-historisch bis musi-
kalisch-feucht-fröhlich. Die aktuell
angebotenen Touren mit Daten und
Einstiegshaltestelle können unter
www.erlebniswagen.de eingesehen
werden. Eine Reservierung (ab zwei
Wochen vor der jeweiligen Fahrt) ist
empfehlenswert. Die Fahrten sind
kostenlos oder kosten bis zu 4 €.

Unterkunft

Was **Hotelpreise** angeht, ist Freiburg
nicht unbedingt die günstigste Stadt.
Da es nicht viele große Häuser gibt
und noch dazu die Anzahl der Gäste-
häuser im kleinen Innenstadtbereich
beschränkt ist, ist die Bettenkapazität
eher überschaubar. Das **begrenzte Angebot** treibt natürlich die Preise nach
oben. Daher muss man für ein Doppelzimmer in einem Dreisternehotel
in zentraler Lage bereits mit Preisen
rechnen, die bei 110 bis 130 € losge-
hen. Zu Messezeiten gehen die Preise
noch mal wesentlich nach oben, es ist
also ratsam, früh zu buchen.

Hotels

🏨**176** [C3] **Best Western Hotel Victoria** €€€,
Eisenbahnstr. 54, Tel. 207340, www.
victoria.bestwestern.de. Freiburgs
Umwelthotel direkt am Colombischlössle
deckt ca. 50 % des Strombedarfs über
die hauseigene Solaranlage ab und nutzt
zur Ressourcenschonung ein Holzpellet-
Heizungssystem und Grundwasserküh-
lung. Parkmöglichkeiten gibt es ab 10 €
pro Tag.

🏨**177** [E2] **Central** €€, Wasserstr. 6,
Tel. 31970, www.central-freiburg.de.
Am nördlichen Rand der Altstadt in

unmittelbarer Nähe zum Rathausplatz befindet sich dieses Familienhotel mit eigener Tiefgarage.

🏠**178** [D3] **Colombi Hotel** €€€, Rotteckring 16, Tel. 21060, www.colombi.de. Das erste Haus am Platze und Freiburgs einziges Fünfsternehaus lässt für Gäste mit entsprechendem Geldbeutel keine Wünsche offen.

🏠**179** [D7] **Deutscher Kaiser** €€, Günterstalstr. 38, Tel. 74910, www.freiburger kaiser.de. Der freundliche Kaiser liegt mitten in der Wiehre. Vor der Tür hält die Stadtbahn 4 in Richtung Stadt oder Schauinsland. Das angeschlossene Restaurant bietet leckere badische Küche.

🏠**180** [ej] **Gasthaus Schützen** €-€€, Schützenallee 12, Tel. 705990, www.schuetzen-freiburg.de. „Der Schützen" mit angeschlossener Gaststube, Biergarten und kleinem Spielplatz ist ruhig und grün in der Wiehre gelegen (10 Min. in die Innenstadt). Geräumige Zimmer und helle Bäder schaffen eine freundliche Atmosphäre. Montags gibt es oft Konzerte, seit mehreren Jahren ist das Gasthaus Schützen Partner und Veranstaltungsort des Jazzclub Freiburg (www. jazzkongress.de).

🏠**181** [D3] **Hotel Am Rathaus** €€€, Rathausgasse 4, Tel. 296160, www.am-rathaus. de. Das Hotel am Rathaus ist komplett rauchfrei. Hat man den unscheinbaren Eingang im Bursengang am Rathaus-

platz erst einmal gefunden, betritt man ein modernes, mittelgroßes Haus mit 39 Zimmern. Eine umfangreiche DVD-Sammlung steht allen Gästen zur Verfügung und selbstverständlich gibt es in allen Zimmern den passenden Player. Ein familiäres Hotel, in dem es schon mal selbstgemachte Marmelade zum Frühstück gibt. WLAN und eigenes Parkhaus.

🏠**182** [F2] **Hotel am Stadtgarten** €€-€€€, Karlstr. 12, Tel. 2829002, www. hotelamstadtgarten.de. Freiburgs Designhotel am Stadtgarten ist ein architektonischer Blickfang. Im Innern überzeugen die Zimmer durch stilvolle Eleganz.

🏠**183** [C2] **Hotel Barbara** €€, Poststr. 4., Tel. 296250, www.hotel-barbara.de. Das Familienhotel Barbara am westlichen Rand der Innenstadt bietet mit WLAN, Zentrumsnähe und Stellplatzkontingent in der Bahnhofs-Tiefgarage alles, was man braucht.

🏠**184** [F4] **Hotel Kreuzblume** €€€, Konviktstr. 31, www.hotel-kreuzblume.de, Tel. 31194. Im alten Quartier Wolfshöhle gelegen befindet sich dieses 2011 komplett renovierte Hotel sicherlich in einer der reizvollsten Lagen in der Altstadt. Dazu gibt es hervorragende Küche. Nichtraucherhaus, WLAN inklusive, das Auto kann man in der angrenzenden Schlossberggarage abstellen.

🏠**185** [C2] **Hotel Minerva** €€€, Poststr. 8, Tel. 386490, www.minerva-freiburg.de. Das Jugendstilhaus Hotel Minerva liegt zwischen Bahnhof und Colombischlössle am westlichen Rand der Innenstadt.

🏠**186** [E3] **Hotel Rappen** €€€, Münsterplatz 13, Tel. 31353, www.hotelrappen. de. Wer morgens das Fenster eines der nach vorne gelegenen Zimmer öffnet, hat vom Traditionshaus Hotel Rappen den Frontalblick aufs Münster. Zentraler gehts nicht.

🏠**187** [A3] **Hotel Schemmer** €, Eschholzstr. 63, www.hotel-schemmer.de, Tel. 207490. Das Hotel Schemmer im Stüh-

Preiskategorien

Die angegebenen Preiskategorien beziehen sich auf den Preis für ein Doppelzimmer pro Nacht inkl. Frühstück.

€	bis 80 €
€€	80–120 €
€€€	über 120 €

linger ist ein Familienbetrieb, in dem es auch günstige Zimmer mit Bad auf dem Flur gibt.

🏠**188** [E4] **Hotel Schwarzwälder Hof** €€, Herrenstr. 43, Tel. 38030, www.shof.de. Das Traditionshaus Schwarzwälder Hof verfügt über ein Haupthaus und ein Gästehaus in der Konviktstraße. Die Zimmer sind in unterschiedlichem Design von gemütlich bis modern gehalten. Das Haupthaus befindet sich an der Stelle, an der im Mittelalter die mittelalterliche Münzprägestätte Freiburgs war.

🏠**189** [E4] **Hotel und Restaurant Löwen** €–€€, Herrenstr. 47, Tel. 3688990, www.hotelloewen.de. Eines der wenigen preisgünstigen Hotels in zentraler Lage, zwei Minuten vom Münsterplatz. Beliebter Treffpunkt der Nachtschwärmer, da die Küche bis 3 Uhr offen hat.

🏠**190** [E4] **Markgräfler Hof** €€€, Gerberau 22, Tel. 32540, www.markgraeflerhof. de. Einen Steinwurf vom Augustinerplatz entfernt. Ein Großteil der Zimmer mit

Blick auf den Gewerbekanal – Freunde des friedlich plätschernden Wassers sind hier genau richtig.

🏠**191** [E3] **Mercure Hotel Freiburg am Münster** €€–€€€, Auf der Zinnen 1, Tel. 38510, www.mercure.com. Am nördlichen Rand der Altstadt gelegen und ein Teil der Zimmer mit wunderbarem Blick auf das Münster.

🏠**192** [B3] **Novotel am Konzerthaus** €€€, Konrad-Adenauer-Platz 2, Tel. 38890, www.novotel.de. Das größte Hotel der Stadt gegenüber dem Bahnhof und an das Konzerthaus angrenzend ist mit allem ausgestattet, was der Besucher braucht.

🏠**193** [C3] **Park Hotel Post** €€€, Eisenbahnstr. 35/37, Tel. 385480, www. park-hotel-post.de. Im Parkhotel Post übernachten gerne Schriftsteller, wenn sie Lesungen in der Stadt haben. Es gibt sogar eine Autorensuite, in der bereits Günter Grass und Joachim Gauck genächtigt haben. WLAN inklusive und Hoteltiefgarage vorhanden.

🏠**194** [F2] **Stadthotel Freiburg – Kolping Hotels und Resorts** €€€, Karlstr. 7, Tel. 31930, www.stadthotel-kolping.de. Nördlich der Altstadt im Stadtteil Neuburg gelegen, besticht dieses Hotel unter anderem durch seine schicke original 1950er-Jahre-Lounge. Das Frühstück ist komplett biologisch.

🏠**195** [E4] **Weinstube und Hotel Sichelschmiede** €–€€, Insel 1, Tel. 35037, www. sichelschmiede.de. Das Gebäude ist eines der schönsten Rokokohäuser der

054*fg Abb.: bb*

Stadt und befindet sich direkt neben dem Gewerbebach. Hier merkt man, warum die Insel Insel heißt.

❽ [E4] **Zum Roten Bären** ᵉᵉᵉ. Im wahrscheinlich ältesten Gasthof Deutschlands kann man auch übernachten. Die Betten sind glücklicherweise nicht aus dem 12. Jahrhundert, sondern man liegt sehr bequem.

Jugendherbergen

🏠**196** [F4] **Black Forest Hostel,** Kartäuserstr. 33, Tel. 8817870, www.blackforesthostel.de. Die Alternative zur Jugendherberge, 5 Minuten bis zum Schwabentor.

🏠**197** [fj] **Jugendherberge Freiburg,** Kartäuserstr. 151, Straßenbahnlinie 1 ab Hauptbahnhof Richtung Littenweiler bis Haltestelle Römerhof, von dort ca. zehn Minuten Fußweg, Tel. 67656, www.jugendherberge-freiburg.de. Direkt an der Dreisam gelegen.

Verkehrsmittel

Öffentlicher Personennahverkehr

Freiburg hat **vier Stadtbahnlinien,** die sternförmig in alle Himmelsrichtungen fahren und mit dem Bertoldsbrunnen **❿** ihren zentralen Verkehrsknotenpunkt haben. Die Stadtbahn verkehrt täglich zwischen 5 und 24 Uhr, und das meist im 5- bis 10-Minuten-Takt.

Zusätzlich zur Stadtbahn bringen **mehr als 20 Buslinien** Freiburger und Besucher durch die Stadt. Am Wochenende und vor Feiertagen gibt es zusätzlich **Nachtbusse,** die im Rahmen des „Safer Traffic"-Nachtfahrplans stündlich vom Zentrum (u. a. vom Bertoldsbrunnen) in die äußeren Stadtteile fahren.

Den **Gesamtfahrplan** der Freiburger Verkehrs AG kann man im Internet unter www.vag-freiburg.de einsehen, eine für das Handy optimierte Seite gibt es unter www.vagmobil.de.

Neben Stadtbahn und Bussen gibt es auch die **Breisgau S-Bahn,** die vom Hauptbahnhof **㉙** auf zwei Strecken nach Breisach im Westen und Elzach im Norden verkehrt. Wen es noch weiter zieht, z. B. in Richtung Schwarzwald, der steigt in die Nahverkehrszüge des **Regio-Verkehrsverbund Freiburg RVF.** Innerhalb des RVF gibt es drei Tarifzonen, von denen die Innerste mit dem Stadtgebiet Freiburg, bzw. dem Gebiet der VAG identisch ist (Zone A). Die VAG ist Gesellschafter der RVF, entsprechend gelten in **Zone A** für alle Verkehrsmittel dieselben Tarife. Ein **Einzelfahrschein** für die Zone A (Preisstufe 1) kostet 2,20 € (Kinder 1,30 €), die Tageskarte **Regio24** erhält man für 5,50 € (ein Erw. und bis zu 4 Kinder) bzw. für 9,90 € (Gruppenkarte für bis zu 5 Personen).

Für Besucher, **die Zone A verlassen** möchten, ist die **WelcomeKarte** interessant. Das 3-Tages-Ticket (gültig bis 24 Uhr des zweiten Folgetags ab Erwerb) für den öffentlichen Nahverkehr der gesamten Region inkl. der Schauinslandseilbahn kostet 24 €. Es ist unter www.vag-onlineticket.de und in vielen Verkaufsstellen wie dem VAG pluspunkt (s. S. 118) und der Tourist Information (s. S. 119) erhältlich.

◁ *Hier haben auch schon Günter Grass und Joachim Gauck genächtigt – das Park Hotel Post am Colombipark*

In Freiburg werden die Bus- und Stadtbahnlinien durch den sogenannten **Abhol-Service per Telefon (AST)** ergänzt. Dabei können telefonisch (spätestens eine halbe Stunde vor der Abfahrt!) Sammeltaxis bestellt werden, die den Fahrgast von der Endhaltestelle bis zur Haustür bzw. anders herum bringen.

Die Wagen fahren nach einem **Fahrplan,** der unter http://www.vag-freiburg.de/auskunft-und-fahrplan/ast.html eingesehen werden kann. Der Abholdienst kostet allerdings einen Euro Aufschlag zum normalen Fahrpreis.

Taxi

Unter Tel. 555555 kann man bei der **TAXI Freiburg GmbH** ein Taxi bestellen. **Fahrradtaxen** stehen am Rathausplatz oder können einen Tag im Voraus unter Tel. 0172 7684370 fest gebucht werden, z. B. für eine Stadtrundfahrt. Bei kurzfristigen Fahrten kann man Glück haben oder muss aufgrund hoher Auslastung ein bisschen warten. Infos unter www.fahrradtaxi-freiburg.de.

Wetter und Reisezeit

Das Klima in Freiburg ist eines der angenehmsten in Deutschland. Mit einer **Jahresdurchschnittstemperatur von 10 Grad** liegt Freiburg fast zwei Grad über dem Schnitt der Bundesrepublik Deutschland. Die **durchschnittlich 1800 Sonnenstunden** pro Jahr markieren einen weiteren Rekord. Der **Sommer** ist daher sicher eine naheliegende Reisezeit, zumal der Höllentäler, ein Fallwind aus dem Schwarzwald, abends für Abkühlung sorgt. Eine ebenso gute Jahreszeit für einen Besuch in Freiburg ist der **Frühling,** der hier regelmäßig einige Wochen früher anfängt als im Rest von Deutschland. Nicht selten kann man sogar bereits im Februar in den Straßencafés sitzen. Im **Herbst** und im **Winter** liegt Freiburg oft unter einer Hochnebelglocke, bei klarem Wetter ist die Stadt vor dem Panorama der (schneebedeckten) Schwarzwaldhänge aber äußerst reizvoll. Im Übrigen lohnt ein Blick in den Veranstaltungskalender – Weihnachtsmarkt und Freiburger Fasnet sind verlockende Gründe, in die Stadt zu kommen.

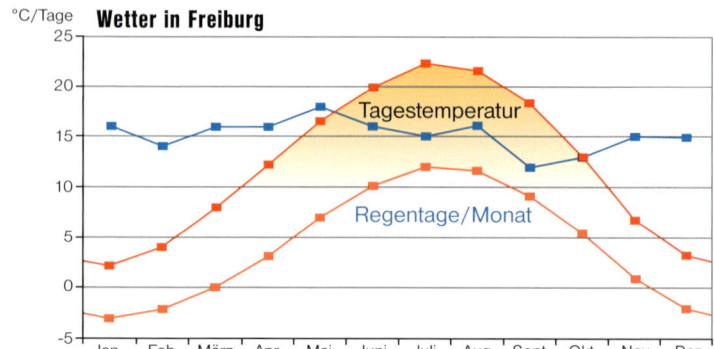

°C/Tage **Wetter in Freiburg**

Tagestemperatur

Regentage/Monat

Anhang

005fg Abb.: wb

REISE KNOW-HOW
das komplette Programm
fürs Reisen und Entdecken

**Weit über 1000 Reiseführer, Landkarten, Sprachführer und Audio-CDs
liefern unverzichtbare Reiseinformationen und faszinierende Urlaubsideen
für die ganze Welt –** *professionell, aktuell und unabhängig*

Reiseführer: komplette praktische Reisehandbücher für fast alle touristisch interessanten Länder und Gebiete **CityGuides:** umfassende, informative Führer durch die schönsten Metropolen **CityTrip:** kompakte Stadtführer für den individuellen Kurztrip **world mapping project:** moderne, aktuelle Landkarten für die ganze Welt **Edition REISE KNOW-HOW:** außergewöhnliche Geschichten, Reportagen und Abenteuerberichte **Kauderwelsch:** die umfangreichste Sprachführerreihe der Welt **Kauderwelsch digital:** die Sprachführer als eBook mit Sprachausgabe **KulturSchock:** fundierte Kulturführer geben Orientierungshilfen im fremden Alltag **PANORAMA:** erstklassige Bildbände über spannende Regionen und fremde Kulturen **PRAXIS:** kompakte Ratgeber zu Sachfragen rund ums Thema Reisen **Rad & Bike:** praktische Infos für Radurlauber und packende Berichte von extremen Touren **sound)))trip:** Musik-CDs mit aktueller Musik eines Landes oder einer Region **Wanderführer:** umfassende Begleiter durch die schönsten europäischen Wanderregionen **Wohnmobil-TourGuides:** die speziellen Bordbücher für Wohnmobilisten

Erhältlich in jeder Buchhandlung und unter www.reise-know-how.de

www.reise-know-how.de

Register

Register

Die Autorin

Barbara Benz kennt Freiburg und den Schwarzwald schon aus frühester Kindheit, denn ihre Familie väterlicherseits lebt seit vielen Generationen hier. In diesem CityTrip konnte sie endlich ihr gesammeltes Wissen um Anekdoten und Besonderheiten der Stadt festhalten. Ihren Wohnsitz hat die Kommunikationswirtin und freie Autorin heute zwar in Berlin, es zieht sie aber immer wieder in den Breisgau. Warum? Weil man hier einfach hervorragend Urlaub machen kann.

Für die Unterstützung und Hilfe bei der Erstellung dieses Buches dankt die Autorin ganz herzlich Winfried Benz, Patrick Vater, Tom Vater, Uta Vater, Wolfgang Bäumle, Anja Hörnig, Johann Andreas Dieckmann, Nicole Hanbaba, Max Munkel und Bernhard Müller von der FWTM.

Schreiben Sie uns

Dieses Buch ist gespickt mit Adressen, Preisen, Tipps und Infos. Nur vor Ort kann überprüft werden, was noch stimmt oder was sich verändert hat. Unsere Autoren sind zwar stetig unterwegs und erstellen alle zwei Jahre eine komplette Aktualisierung, aber auf die Mithilfe von Reisenden können sie nicht verzichten.

Darum: Schreiben Sie uns, was sich geändert hat. Wenn sich die Infos direkt auf das Buch beziehen, würde die Seitenangabe uns die Arbeit sehr erleichtern. Gut verwertbare Informationen belohnt der Verlag mit einem Sprechführer Ihrer Wahl aus der über 220 Bände umfassenden Reihe „Kauderwelsch".

Bitte schreiben Sie an:
REISE KNOW-HOW Verlag Peter Rump GmbH, Postfach 140666, D-33626 Bielefeld, oder per E-Mail an: info@reise-know-how.de
Danke!

Bildnachweis

Die Kürzel an den Abbildungen stehen für folgende Fotografen, Firmen und Einrichtungen. Wir bedanken uns für die freundliche Abdruckgenehmigung.

Umschlag

und bb	Barbara Benz (die Autorin)
nh	Nicole Hanbaba
pv	Patrick Vater
wb	Winfried Benz

Liste der Karteneinträge

Hier nicht aufgeführte Nummern liegen außerhalb der abgebildeten Karten. Ihre Lage kann aber wie bei allen Ortsmarken im Buch mithilfe unserer Kartenansichten unter Google Maps™ gefunden werden (s. rechts).

Zeichenerklärung

❶	Sehenswürdigkeit
✚	Arzt, Apotheke, Krankenhaus
❶	Bar, Bistro, Klub, Treffpunkt
🕮	Bibliothek
❻	Kneipe, Biergarten
❻	Café
🎨	Galerie
🛍	Geschäft, Kaufhaus, Markt
🏨	Hotel, Unterkunft
❶	Imbiss
❶	Informationsstelle
@	Internetcafé
🛏	Jugendherberge
🎞	Kino
⛪	Kirche
🏛 🏛	Museum
❻	Musikszene, Disco
🅿 🅿	Parken
✉ ☎	Postamt
➤	Polizei
🍇	Rebflächen, Weinreben
❶	Restaurant
≋	Schwimmbad
★	Sehenswertes
●	Sonstiges
🆂	Sporteinrichtung
✡	Synagoge
🎭	Theater
▮	Turm
❷	vegetarisches Restaurant
❶	Weinlokal, Weinstube
🅢	S-Bahn
─○─	Stadtbahn
━━━	Stadtspaziergang (s. S. 15)
⬭	Shoppingareale

Mit PC, Smartphone & Co.

Unsere **kostenlosen Begleitservices**
unter **www.reise-know-how.de**
(auf der Produktseite dieses Titels):

★**Alle Ortsmarken des Buches unter Google Maps™:** Springen Sie im Internet direkt aus unseren thematischen Listen an den genauen Punkt auf der Karte. Luftbildansichten, Fotos und die Streetview-Funktion zeigen ein genaues Bild des Objektes und seiner Umgebung. Weitere Funktionen wie Routenplaner und Verkehrsplan erleichtern die Orientierung vor Ort.

★Smartphone-Nutzern empfiehlt sich der direkte Aufruf dieses Online-Kartenservices als Web-App unter: http://ct-freiburg13.reise-know-how.de

★**Faltplan als PDF mit Geodaten:** Nach dem Speichern auch mobil nutzbar auf allen Geräten mit PDF-Reader. Der aktuelle Acrobat Reader™ stellt Zusatzfunktionen für die Geodaten bereit. Für iPhone/iPad empfiehlt sich die App „PDF Maps" von Avenza™.

★**GPS-Daten aller Ortsmarken:** einfacher Import in GPS-Geräte, Navis und Geosoftware auf PCs und mobilen Geräten

★**Kapitel „Praktische Reisetipps" als kostenloses PDF:** Nach dem Speichern auch mobil nutzbar auf allen Geräten mit PDF-Reader. Darüber hinaus kann das Buch insgesamt oder eine persönliche **Auswahl einzelner Seiten als PDF käuflich erworben** werden.

★**NEU**★ **CityTrip als App:** Installieren Sie den **Reise Know-How Guide Store** aus dem iTunes Store bzw. Google Play Store und erwerben Sie buchbegleitende CityTrip-Apps mit vielen nützlichen Funktionen für die mobile Nutzung.

VAG Liniennetz

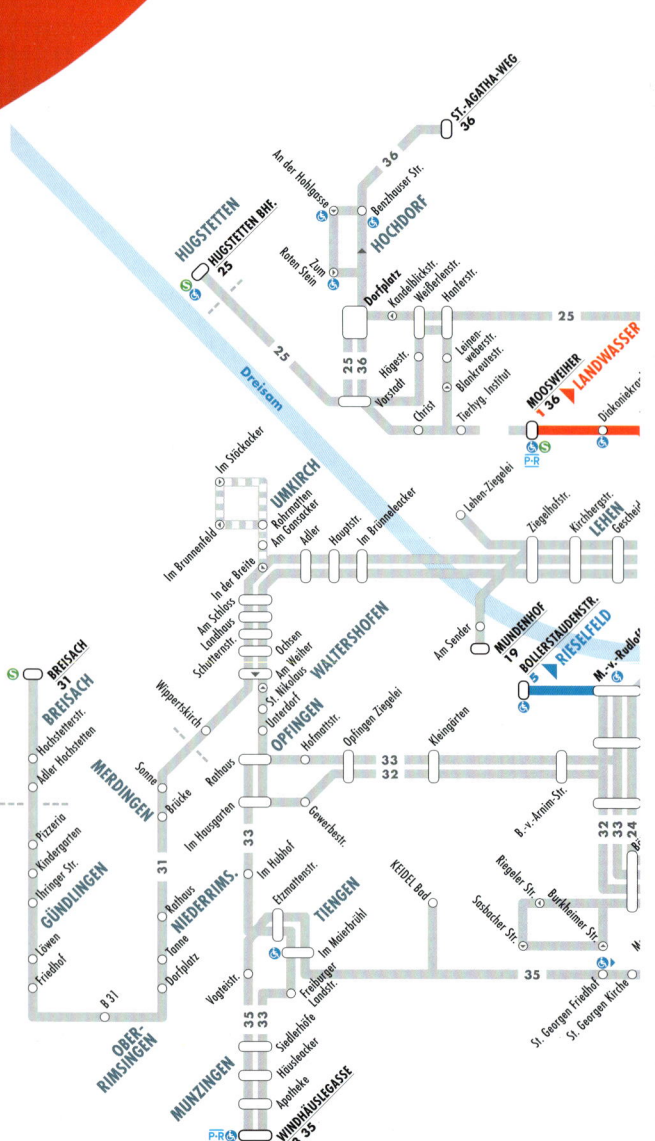